なるようになる。

僕はこんなふうに生きてきた

養老孟司
聞き手・鵜飼哲夫

中央公論新社

まえがき

養老孟司

今年（二〇二三年）の九月にブータンに行った。田舎のお寺を初めて訪ねた際に、和尚さんに「どこかでお会いしたような気がするんですが」と話しかけたら、「あたりまえじゃないの、遠い日本からわざわざこの田舎の寺に来るなんて、以前から決まっていたことなんだよ。お釈迦様はとうにご存じだった」と言われてしまった。前世のどこかで、このお坊さんと知り会っていたのであろう。

こう言うと、すべてはすでに定まっているという絶対的な運命論のように聞こえるかもしれない。でもその運命は無数の些事に支配されているので、「そうなるはず」という予想がそもそも成り立たないのである。いわば熱力学のような見方で、無数の分子がそれぞれ勝手に偶然として動き回っていると、全体としてあるマクロの現象が必然的に生じてしまう。どうしてそう思うかと言っても、そう思ってしまうのだから仕方がない。たまたまブータンに行って、たまたまお坊さんに会った、でもいいのだけれど、それじゃあ面白くないのである。だから現代人の人生はつまらなくなる。

前世だの因縁だの、そんなものはない。もちろんなくていい。ない方が面白いか、ある方が面白いか、それだけのことであろう。現在のインド仏教は前世を否定する。インドでカースト制が史上延々と続いているのは、前世があるという思想のせいとされるからだという。

ブータンのチベット仏教は生まれかわりの仏教である。でもカーストはない。そういう状況に対して、面白いとか、つまらないという視点を持ち込むのは不謹慎のそしりを免れない。その意味で現代人とは真面目な人たちである。

というより、自分が真面目なのであろう。本書の校正刷りを読み返して、そう思った。なんだか知らないけれど、常に一生懸命だった。だれに頼まれたわけでもないのだから、ご苦労様というしかない。どこかで手を抜いてもよかったはずだけれど、その覚えもない。歳をとって忘れただけかもしれないけれど。

読売新聞の鵜飼さんとは長いお付き合いである。インタビューをしたいというので、それにもお付き合いしたら、この本になった。生い立ちから始めて、古いことをあれこれ訊かれた。年寄りだから、昔の話ならできる。今の話は苦手である。鵜飼さんはそこを上手につなぎながら、それなりに筋の通った自伝風に構成してくれた。

なにしろ「なるようになる」のだから、はっきりした目的意識があって、それに従って物事が進むということにはならない。私自身がすっかり忘れてしまったような些事が、その後の人生を動かして来たかもしれない。似たような表現でも、「なるべくしてなる」などといったほうが、恰好いいかもしれない。「なるようになる」では多少投げやりの感じがするが、むろん本人の私にはそんな気持ちはない。

そんなわけで。この自伝風の本ができた。皆さんの参考になるか否か、それはわからない。ともあれ、お読みいただければ幸いである。

目次

まえがき……1

I

幼年時代と戦争……11

人生は小さな必然の積み重ね／記憶の始まりは父の死／言えなかった「さよなら」／病気がちだった頃／冬も半ズボンで生き物に夢中／「兵隊さん」にはなりたくない／バケツリレーに竹槍訓練／教科書墨塗りに不信感／薪割り、湯沸かしが私の仕事／鎌倉の自然が教えてくれたこと

Ⅱ
昆虫少年、医学部へ……47
開校四年目の中高一貫男子校へ／欧米流の倫理に戸惑う／虫のプロたちとの出会い／「ヘンな高校生がいる」／受験勉強は歩きながら／「医学部へ行ってくれ」

Ⅲ
解剖学者の奮闘……73
初めての解剖実習／ヒトの身体には個性がある／インターンで痛感した臨床医の重責／大学院で基礎から学び直し／「勉強が足りねえ」／遺体引き取りから供養まで／大学紛争で研究室封鎖／日常から離れた学問でいいのか／飲み屋で異分野交流

Ⅳ 『バカの壁』と〝まる〟との出会い……107
誰にでもある「馬鹿の壁」／サントリー学芸賞受賞の頃／極端に「脳化」した学生／東大最後の大仕事／退官して自由な日々／平成のベストセラー誕生／飼い猫〝まる〟は私のものさし／都会では磨けない感覚／今いちばん気になる二〇三八年問題／壊れやすい日常のありがたみ
養老先生への五〇の質問……157
あとがきにかえて　鵜飼哲夫……195

カバー題字・画、本文挿画　浅妻健司
装幀　中央公論新社デザイン室

なるようになる。

僕はこんなふうに生きてきた

I 幼年時代と戦争

小学校入学の頃

人生は小さな必然の積み重ね

なるようになる。本当に、そう思っています。人生、なるようにしかならない。そうもいえますが、それでは、なんか諦めたような感じになってしまう。なるようになる、はゆるい感じですね。

幼い頃から、自分の意思で動いた記憶がほとんどといっていいくらい、ない。いくら「自由にしていい」と言われても、「嘘つけっ」て感じる。人生はくじみたいなものので、選択できる範囲はおのずとかなり限られるように思ってきた。医学部に進学したのも解剖学の道に進んだのも、なりゆきです。煮詰まるまで待って、しょうがねえな、もうなんかするしかないな、と思うまで自分からは動かない。欧米流の「自分の意思で自分の道を決める」、とはまったく逆ですな。

戦争で振り回されたでしょう。あれは大きいよ。なんでも上から降ってきた。焼夷弾も命令も……。戦後は教科書に墨塗りまでさせられた。

敗戦後、教育の民主化が図られ、国家主義や戦意を鼓舞する教科書の記述を、墨で塗って抹消した。

東大医学部助手になってすぐに起きた大学紛争で研究がストップ、解剖の仕事が不要不急とみなされたことも大きかった。こうした世間の動きに幼い頃からなじめず、「よそ者」意識が芽生え、どうして折り合いをつけられないのか、ずっと考えてきた。自覚はないけれど、このしつこさは生まれつきかな。解剖でも三〇〇〇体超の死体を見てきました。同じようなものでは、と思う人もいますが、そうじゃない。解剖すると、身体にはそれぞれの人たちが生きてきた歴史が体つきなどに刻まれていることに気づく。人生は些細な違いの寄せ集め。そう思っています。

いろんなものごとを〝解剖〟しながら考えたことをまとめたのが『形を読む』（一九八六年）や『唯脳論』（一九八九年）などに始まる著作です。多くは頼まれた仕事で、『バカの壁』（二〇〇三年）の題名は編集者がつけました。

放っておくと人が歩くときに転ぶ穴を埋めるように、社会のニーズに応えることが仕事だと思っている。だから依頼は基本断らない。小さな必然の積み重ねからなる人生に後悔はありません。

ただ、穴ばかり埋めていると、好きな虫の時間がなくなる。だから、今日みたいに取材がある日でも、終わったら昆虫標本づくりに励みます（笑）。

記憶の始まりは父の死

三菱商事に勤めていた父・養老文雄が、二児のいた十歳年上の小児科医である母、静江と結婚、鎌倉で新しい暮らしを始めたのは一九三六（昭和十一）年で、翌年に私が生まれました。名前は「孟子」の「孟」を使って孟司です。

どうして虫好きになったのかって、よく聞かれますが、好きに理由はありません。ものごころがついたときには生き物好きでした。

両親が初めて鎌倉の由比ヶ浜の海岸に僕を連れていったとき、行方不明になり、大騒ぎになったと後年、聞かされました。さんざん捜すと、僕は滑川の河口近くに座り込み、カニが穴を掘っているのをじーっと静かに見ていたそうです。

最初の記憶は、日本が米ハワイの真珠湾を攻撃した日のラジオ放送を聞いたことのような気がしますが、これがはっきりしない。

一九四一年十二月八日、「臨時ニュースを申し上げます。臨時ニュースを申し上げます。大本営陸海軍部、十二月八日午前六時発表。帝国陸海軍は本八日未明、西太平洋においてアメリカ、イギリス軍と戦闘状態に入れり」とラジオは伝えた。

子どもの記憶って、大きな事件があるとその前の記憶が消えちゃう。僕の場合、父が死んだときのことは、まるで映画のワンシーンのように一コマ一コマが脳裏に焼き付いていて、突然浮かんできたりしますが、それ以前の記憶は一生懸命考えても出てこない。

思い出に残る一つの風景は、結核の療養のため自宅で寝ていた父のベッド脇にあったガラガラです。どうして赤ちゃんの玩具があるのか不思議でじっと見つめていると、私の視線に気づいた父が、「これを鳴らすと、看護婦さんが来てくれるんだよ」と答えてくれました。

声を出しにくいからガラガラを使っているんだと聞いて、「ああ、そういうことか」と思ったから、よく覚えている。その頃から解釈できると納得するタチだったんでしょう。理屈っぽいから（笑）。

ガラガラはオモチャなのに、僕のものじゃないのはおかしいという思いがあったけれど、その気持ちを父にぶつけてよいものか、遠慮があったようにも思う。どんな感情にもはじめがあるはず。喜怒哀楽みたいな本能的なものは別として遠慮とか気遣いとかは社会的感情でしょう。それを感じた最初の機会でした。

もう一つの光景は、とても天気がいい日で、日の当たる窓際のベッドから半分起き上がった父が、飼っていた文鳥を逃そうとしている姿です。じっと見ていると、「放してやるんだ」と言う。それが父の言葉では最後の記憶です。なぜ、文鳥を放すのか、四歳の私には不思議でならない。ガラガラとは逆で、納得できなかったから記憶にあるんでしょうね。

いつだったか、そのときのことを母親に確認すると、「あれは、おまえのお父さんの死んだ日の朝だった」そうです。

母は「お父さんは自分の死期を悟ったのかもしれないね」と語っていました。

言えなかった「さよなら」

生まれ育ったのは、鎌倉駅の東口から徒歩ですぐ。夜には列車の行き来する音が聞こえる場所で、開業医をしていた母親の診療所兼自宅でした。

父の臨終のときは突然夜中に起こされ、ベッドの周りに集まる大人の間をぬって、前に行きました。状況がわからず、父の顔を見つめていると、頭の上で誰かの声がしました。

「お父さんに、さよならを言いなさい」

父は、こっちを見ていましたよ。でも私はずっと言葉に詰まって声すら出ない。すると、父がニコッと笑い、それからパッと喀血《かっけつ》した。それで終わり。

死の意味なんて、なんにも考えていない。灯火管制をしていたかどうかは覚えていませんが、そもそも昔の家は夜暗かったから、異様な雰囲気だった。

戦争中、夜間の空襲で敵機の目標にならないよう、照明を消したり、布などで覆ったりして光が漏れないように灯火管制をした。一九四四年に空襲が本格化すると適用は厳密となった。

それから鎌倉市内の焼き場（火葬場）に行きました。父を火葬している間に、遺族で待合室にいたときのことも記憶にあります。和室が二つつながっていて、間にふすまがあり、その陰から隣の部屋を見ると、そこに母と姉が向かい合わせで座っていて、泣いている。

でも、自分は和室にある白い紙にのせられていたお菓子が気になって仕方がない。戦争中で甘いものがなかった頃ですから。

姉さんは泣いているのに、なんで自分は泣けないいんだろう。その疑問もずっと覚えている。ただ、お菓子がどんなものだったかは全然覚えていません。

父の死後、私は、人に挨拶するのが苦手な子どもになり、母親も「なんでこの子は挨拶がダメなんだろう」と言っていました。自分でも不思議でしたが、その訳に気づいたのは四〇代になってからです。親類の死で死別を追体験したときに、自分なりに理由を悟りました。

父という大切な存在にもできなかった挨拶を、他人にするわけにはいかない――。子どもにとって親の死は理不尽で納得がいかない。そうかといって、自分には死を止めようがない。「さよなら」と言わないことが、自分にとって父を生かすことになるのではないか。そう幼心に考えたんだろうと思います。自分が泣けなかったのも、死が納得できず、死別を認めたくなかったからでしょう。

大人になってそう気づいた瞬間、「私の中の父は死んだ」と思い、涙がさっと出ました。

医学部を出て解剖学者になり、たくさんの方の死体に向き合いましたが、記憶の始まりは父の死です。

病気がちだった頃

生きているときの父の記憶はあまりなく、声もはっきりとは覚えていませんが、母親はね、僕がなんかドジをして文句を言うとき、「お前のお父さんは違った」。それはっかりでした。声とかしゃべり方がよく似ているそうで、父親の兄弟には、しぐさがそっくりって言われた。

父の死は、かなりショックだったんじゃないかな。病気がちになりました。よく覚えているのは、父親の納骨のために福井県の浄土宗の寺に行く途中、立ち寄った京都の阪急電車の中で気持ち悪くなり、吐いたことです。それが自家中毒の始まりで、喘《ぜん》息《そく》も起こした。朝起きると、目やにで目が開かないこともあった。完全に心理的なものですよ。

通っていたハリス幼稚園はよく休んでいたので、あまり覚えていない。

ハリス記念鎌倉幼稚園は日本基督教団鎌倉教会に隣接し、一九〇九年創立。梅鉢型園舎は、鎌倉の景観重要建築物となっている。

この間、久しぶりに行ったら、ホールが耐震改修されていたけれど、ほぼ当時のまま残っていて、思い出したことがあります。園児が丸くなって座っていると、先生がボールをポーンと転がして、「〇〇ちゃん」と名前を呼ばれた子どもが拾う遊びをしたことです。

下駄箱の風景だけは、はっきり覚えています。よく休んでいたから、久しぶりに友達と会うのが恥ずかしくて、下駄箱で上履きに履き替えることに抵抗がありました。

あまりしゃべらない、おとなしい子どもだったと思います。感情は強い子なのに、僕の場合、それを外に発散させず、内にこもっちゃった。それも病気がちの原因だったのでしょう。

母親がとてもよくしゃべり、私が誰かに質問されても、「この子はこう思っているんです」と余計なことまで全部言う。だから、おふくろにしゃべらせておけばいいんだと思っていたところもある(笑)。

幼稚園を休んだ日には、絵本とかを読んでいた。字は幼稚園に入る前から読めたようで、今でも記憶に残っているのは、大人用の絵本で、歌舞伎の「忠臣蔵」のさわりの部分に絵と説明文をつけた本を年中開いていた。歌舞伎は一度も見たことがないのに、「赤垣源蔵　徳利の別れ」とかね、あれは覚えている。

電車で吐いた京都行の際、市内を歩いているときに修理中の五条の橋を見て、ここで弁慶と義経が初めて会ったんだ、と思いました。自分が知っている話と現実が結びついたんです。

親父《おやじ》が亡くなって、さみしかったかといえば、ほとんどそれはなかったかもしれない。当時は戦争中ですから、父親のいない家庭が多かったからね。今でも付き合っている小学校の同級生は、父親が同じ三菱商事で、船が沈んで亡くなっています。

もちろん、生きていたら、父親に聞きたいことは、それはいっぱいありましたよ。どんな人だったのか、よくわからないまま別れてしまいましたから。

冬も半ズボンで生き物に夢中

幼稚園の頃から、生き物には親しみ、家の近くの滑川やその支流に行きました。今じゃあ信じられないけれど、アカテガニがいっぱいいた。増水すると三、四メートルの激流になる川でしたが、ふだんは小さい子も入って遊んでいました。

川の両側には石垣が積んであって、その石のスキマにいるアカテガニを、割り箸で穴から追いだして、捕まえる。大きさといい、怖さといい、子どもにちょうどいいんですよ。爪の部分を広げても一〇センチぐらいの大きさだから。

由比ヶ浜にいるコメツキガニも好きだった。そばへ行くと、穴の中へすっと引っ込んでしまうけれど、じっと見ていると、カニは、砂の表面の有機物をとり、食べ終わると、まん丸の砂の玉を残す。だから、巣穴の周りは砂の玉だらけになっている。それは見ていて、飽きなかった。

小学生になると、帰宅後にザルや網を持って川に走って行った。川底の石をひっくり返すと下にいる、ハゼの仲間やウナギの小さいの、ザリガニが私の目的です。それをザルや網のほうに追い込む。捕ったらバケツに放り込んで終わり。カニや魚にしてみりゃ迷惑な話だね。魚はね、帰りに井戸に放り込んでいました。

通った小学校は、鎌倉御用邸の跡地にできた御成国民学校という、今も立派な講堂が残る学校です。

国民学校とは一九四一年公布の国民学校令により、従来の小学校を改め、設立された。皇国民の基礎的錬成を目的に生まれ、四七年まで存続した。

ちょうどその頃、左利きを右利きに矯正されました。その副作用じゃないか、と思うのは、今でも「短」という字のヘンと旁《つくり》が混乱し、左側が「豆」なのか「矢」なのか、わからなくなります。

戦争中の男の子は、だいたい二つのタイプに分かれてね。鉱石ラジオとか飛行機とか、人工物に憧れるタイプと、そっちのほうには行かない派で、チョウやトンボをしょっちゅう採る。僕は、もちろん後者。冬でも半ズボンで遊び歩き、地面をじっくり観察して生き物を探す日々でした。兄とは八つかな、姉とは十一ほど年が離れていたから、いっしょに遊ぶことはなかった。

あれは小学校に入る頃かな。うちの前で、犬の糞《ふん》についている虫を見ていたら、おふくろが出てきて、「何してるの?」と聞く。説明が面倒くさいでしょ、「犬の糞」って言ったら、どこかに行っちゃった。それから僕は一度家に戻ったんですが、しばらくして糞のところにいた虫のことが気になり、また見に行ったら、ウンの悪いことに、おふくろがちょうど帰ってきた。そして、「まだ犬の糞を見てるの」と、呆れてしまった。

この子は知能に問題があるに違いないと結論を出され、検査に連れてかれた。あれは大ごとだったな（笑）。

「兵隊さん」にはなりたくない

小学校に入学した一九四四年春には、もう戦争が始まっていて、朝、登校すると、直立不動で門衛をする上級生が、「歩調とれ」と号令をかけていた。皇居の方角にむかって最敬礼し、教室に入ると、正面には御製《ぎょせい》（天皇陛下のお歌）が飾られていた。校内には、天皇陛下の御真影がある奉安殿もありました。

戦前戦中の昭和期、全国の尋常小学校の校庭の小高い一角には、教育勅語の謄本と御真影を保管した奉安殿が建てられ、登下校の際、子どもたちは、奉安殿の前で頭を下げることを習慣とした。そして、天長節など祝日には、白手袋をした校長が桐の箱から教育勅語の謄本を取り出し、おもむろに読み始めた。

教育勅語は覚えています。〈我が臣民克《よ》く忠に克く孝に、億兆心を一にして……〉。読んでいるうちに頭に入っちゃった。ただ子どもだった僕には、お経と同じだよね。意味がわからない。

歴代の天皇の名前も、強制されたわけじゃないけど、クラスで知っている奴のマネをしていたら覚えてしまった。

今はどこまで言えるかな。神武《じんむ》、綏靖《すいぜい》、安寧《あんねい》、懿徳《いとく》……継体《けいたい》、安閑《あんかん》、宣化《せんか》。二十八代天皇ぐらいまでかな。なんか知らないけど、勝手に覚えた。

天皇は現人神《あらひとがみ》の時代ですから、まさに触らぬ神にたたりなし、という感じでしたし、あの頃は、新聞もラジオも近くの大人たちも、誰も戦争に負けるなんて言わなかった。ただ、同じ世代でも、どこにいたのか、どういう家庭だったかで戦争の実感は随分、違っていた。後に読売新聞の読書委員をいっしょにやった一橋大学長の阿部謹也さんの自伝を読んでいたら、阿部さんは、「おばあさんが、この戦争は負けるって言っていた」って書いている。阿部さんも鎌倉に小学生の頃住んでいたというけれど、よほどインテリの家なんでしょうね。

うちは軍人の親戚がおらず、親父もはやく死んじゃったから、社会のニュースはあまり入ってこない。おふくろは開業医で外を走り回っているから、家で四方山話をしている暇はなかったんです。

阿部さんの本を読み、「あっ！　おんなじだ」と思ったのは、少年期の思い出として、鎌倉駅前にあった明治製菓で、戦争中に焼き林檎を食べた記憶を書いていたくだりです。僕にもまったく同じ記憶がある。あれは親父の死んだ頃で、それから次第に甘いものがなくなっていったので記憶が残っている。

甘いものというと、海軍の兵隊さんが母親の診療所に来るときに時々、糧秣《りょうまつ》を持ってきて、中に入っているお菓子をくれたことも思い出します。その兵隊は、海防艦という駆逐艦よりも小さいのに乗っていたそうで、しょっちゅう沈みそうになるらしく、いつも蒼い顔をしていたものでした。

今でも鮮明に覚えていることの一つは、隣に住んでいたお金持ちで有名な山持ちのおじさんが、家の前の横丁を左に行くと、すぐ突き当たりにある若宮大路に立ち、鶴岡八幡宮に向かって戦勝祈念で柏手を打っていた姿です。

あれは、もう戦争の末期だったのかな。ある日、その家に、満洲国軍の兵士が来て、みんな体が大きく見えた。それこそ古い日本家屋だから、鴨居につかえるという感じの大きさだった。

それに対して、鶴岡八幡宮に参拝に行く日本の兵隊さんは、子どもから見ても情けない姿だった。けがをしている人、松葉杖をついている人も多く、戦後の傷痍軍人みたいな人たちでした。生きて帰ってきただけでもよかったとは思いましたが、まるで敗軍の将みたいでボロボロだった。

あの頃は、「大人になったら何になるの？」と子どもに聞くのが、大人の口癖で、そう聞かれるといつも、「兵隊さんは嫌」と言っていました。とにかく団体訓練が苦手。右向け右と言われても左を向き、みんなでいっしょに何かをやると、必ずドジを踏む。

しかも、幼い頃から、「孟司は頭がデカシ」と兄にからかわれていた私は、頭が大きいのに足はよちよちしていたから、しょっちゅう転んでいた。要するに運動神経が鈍いんだよ。だから、往診に行く母親に連れられて人力車に乗っても、降りるときに椅子が前に傾くと、そのたびに落とされてしまう。とても兵隊さんとしてやっていけるとは思えなかった。

そういえば、御成小学校に入った年の最初の天長節（天皇誕生日）の式典で、前にいる奴と突っつき合っていたら、先生に怒られ、教室の外に立たされたこともありました（笑）。式典などで、じっと静かにしているのも苦手で、これでは兵隊には不向きですな。

なにより兵隊が格好いいとは思えなかった。「非常時」だからと、みんなボロを着て、女の人もおしろいっけなしでモンペをはいているのに、偉い軍人さんだけは軍服の肩に徽章《きしょう》をつけて歩いている。あんな目立つ格好をして、よく恥ずかしくないな、と思っていた。

だから、今でもおしゃれがダメなんですよ。目立つ格好なんてするもんじゃないという感覚が身についています。

バケツリレーに竹槍訓練

戦争の末期は、警戒警報でまともに登校できなかった。要するに飛行機がやってくる情報が入ると警戒警報。実際に頭の上に来ると空襲警報となる。

警報のサイレン音を聞くだけで不安になったものです。これが朝だと、鎌倉駅近くの銀行前に防空頭巾をかぶった近所の子どもが集まり、警報解除を待った。解除になると、上級生が引率して集団登校です。

閉口したのは夜の空襲です。夜中に起こされ、眠い目をこすって庭の防空壕や近所にある古い洞窟に入りました。

米軍のB29爆撃機が銀色に光って飛んできたのがよく見えた。遠くに焼夷弾が落とされた光景も目に焼き付いている。なにしろ灯火管制で、外は真っ暗だから、花火よりもよほどきれいだったな。

平塚、藤沢など周辺の町が焼かれ、遠くの空が明るくなっていたのを眺めた記憶もあります。怖いって感覚はなかった。だって鎌倉はほとんど空襲の被害を受けていないから。

大人たちが近所でバケツリレーをして消火訓練をしているのも目撃しました。

開戦の年の一九四一年十一月、防空法が改正され、空襲などの際の消火義務が定められ、民間人はバケツリレーで消火訓練をした。

訓練には母親も参加していました。子どもでも思っていましたよ。本当に空襲の火がバケツの水で消せるのかって。

穴ばかり掘っていた大人の姿も印象的です。鎌倉には、やぐら（中世に鎌倉地域に集中的につくられた武士・僧侶階級の納骨所・供養施設。山腹の崖面を方形にくり抜いた横穴）がたくさんあるので、その奥を掘り進めて、高射機関銃とかを格納していた。それと本土決戦に備えて大人たちが竹槍を使って敵をやっつける訓練をしているのも見た。

一九六〇年代後半の大学紛争のときには、都学連の学生が「全共闘の暴力反対」とか叫んで、竹槍を持って訓練しているのを見た。日本はいつまでたっても百姓一揆から抜けられないんだな、と思った。右翼も左翼もない。最後は竹槍ですよ。

小学一年生のときだったか、自宅と道路をはさんで向かい側の家々が、警察署だけを除いて強制疎開となりました。警察署への延焼を防ぐために民家が取り壊され、うちの前の家は全部消えてしまった。

わが家は無事でしたが、二年生の夏休みになると、神奈川県の津久井という場所にいた母の実家に疎開した。おふくろが忙しくて、とても子どもにまで手が回らなかったんでしょう。文学少女のおばが、「おじいちゃんに見つかると怒られるから」と言いながら、家の蔵から本を出してくれたのは思い出です。

それで呉茂一《くれしげいち》さんのギリシャ・ローマ神話や、総ルビ挿絵付きの「右門捕物帖」を読んだ。小さな子によく、あんなものを読ませたな、と思いますが、おかげでこの二冊はよく覚えています。

その頃の歌というと、やはり軍歌でしょうな。いくつか覚えていますよ。ただ、よく聞いた軍歌は敗けていた頃のものだから、だいぶ調子が落ちて、悲壮感が出てくる。

「アッツ島血戦勇士顕彰国民歌」は、朝日新聞の懸賞で入選した軍歌なんで、戦後になって朝日の人がね、ブツブツ言い訳を書いているけどさ、そんなことしなくてもいいのにと思う。なかなかいい歌ですよ。

〽刃も凍る北海の　御楯と立ちて二千余士　精鋭こぞるアッツ島　山崎大佐指揮を執る

って始まるんだけど、これは叙事詩ですよ。昔の新宿には弾き語りがいてね、その演奏で歌っていたら、ほかのお客さんが寄ってきて、「あんた、山崎大佐のご親戚かなんかで?」って言われたこともある。

「嗚呼神風特別攻撃隊」という歌もあったな。兄貴が予科練帰りで戦後うちにいたので、ときどき二人して歌ったものです。そういう時代でした。

教科書墨塗りに不信感

終戦の日は、「日本は戦争に敗けたらしい」と叔母に言われて、なんか力が抜けた。

勝つと信じていただけにね。玉音放送は、漠然としか覚えていません。

日本政府は一九四五年八月十四日の御前会議で、英米中三国が発した降伏勧告のポツダム宣言受諾を最終的に決定。録音された終戦詔書の音声が十五日正午、ラジオで玉音放送として伝えられた。

あの日はとても暑く、天気がよかったな。その日だったか、次の日に、津久井から高尾山の山並みが見え、ずいぶんたくさんの飛行機が飛んでいるのが見えた。

終戦直後に赤痢が流行し、私もかかった。この疫痢では祖父母と叔母が亡くなり、私は助かった。この時代をなんとか生き延びたから、今の私がある。

その年の秋、疎開先から戻ると小学二年生のクラスで、国語の教科書に墨塗りをさせられました。あの頃の教科書は綴じて製本されておらず、そろえないとバラバラになる代物でしたが、国定教科書で、その中身は絶対で、先生よりも権威があった。

それが理由についての説明はないまま、先生から、「このページのどこからどこまで」と言われ、自分で墨を塗った。

塗る箇所がとても多く、読むところがなくなると心配する子もいた。でも、俺なんか活字に飢えていて、字のあるものが配られると広告でも教科書でもすぐに読んじゃうから、墨塗りはまったく意味がない。もう読んだよ（笑）。

それにしてもよくぞあんな無責任な命令を出したもんだな。子どもにどんな影響があるか、当時の国は考えてもいなかったんでしょう。要するに、教科書が間違っていたら墨で塗ればいい、教科書に正しいことが書いてあるとは限らない。私が受けた教育はそういうものでした。

思えば、明治維新でも、江戸時代に二六〇年間やってきたことをガラッと変えた。どうも日本社会には世の中をそうやって変えてもいいという乱暴さ、楽天主義がある。

逆にいうと、制度やシステムなんていうものは、諸般の事情によっては変えてもいい、過去のものも必要ならば捨ててもかまわない、と考える。明治の大日本帝国憲法だって、不磨《ふま》の大典《たいてん》といわれたのに、戦争に負けたとはいえ、新しい憲法になった。この楽天主義がどこから来たのか、今でも疑問に思っている。

墨を塗らされた子どもは、相当へそ曲がりになった。組織なんかいつ壊れるかわからない。言葉だって、いつひっくり返るかわからない。そういう不信感が、墨塗りしたことで本能的に刻まれた。ちょっと年上の作家、大江健三郎さんは戦後民主主義を意識的に信じたけど、僕には、戦中の本土決戦一億玉砕も戦後の平和と民主主義もおんなじで、どちらも約束事としか思えない。だから、またいつか墨塗りの日が来るのではないか、という不信感がある。

少年時代にそう思ったわけじゃないけれど、その後の自分の歩みを見ると、そう思ってきたとしかいいようがない。

だから解剖をやったんだよ。解剖は、私が手を加えない限り、相手は変化しない。次の日に死体を見ても、どこかが治っていることはない。この変わらなさが安心です。

しかも、死んだ人間は嘘をつかないし。

そしてね、変わらないものといえば、世界中どこに行っても、時代がどう変わっても変わらないものって、それは昔から「真理」というでしょ。それを一生追いかけたいという思いが、墨塗り体験で芽生えたのかもしれません。

偶然かもしれないけれど、僕と同じ昭和十二年生まれは、芸能界でいうと美空ひばりと加山雄三。彼らのように、いつ壊れるかわからない組織なんかに頼らず、自分の力で生きている人が多い。作家だと芥川賞作家の古井由吉さん、ローマ在住の小説家、塩野七生さんも同年生まれです。

薪割り、湯沸かしが私の仕事

本土決戦用に市内の穴に隠してあった高射機関銃などが外に出され、妙本寺の山門脇に置かれていたことも戦後の思い出です。その上に乗って遊んだよ。鬼畜米英のスローガンも消え、鎌倉には、米兵がよくやってきて、チョコレートをくれた。

戦後の食糧難はひどくて、すいとんやサツマイモを薄く切り、天日で干したものばかり食べていたから、サツマイモはもう見たくもないねえ。においがダメなんですよ。カボチャは煮ただけのものを嫌というほど食べた。

小学校のときの家族写真。母親が院長を務めていた診療所の前で。
手前が著者、二列目左から母、兄、後列右が姉

一九四六年五月十九日の食糧メーデーには二五万人が参加。プラカード「朕《ちん》はタラフク食ってるぞ　ナンジ人民飢えて死ね」が不敬罪で起訴される。

当時、電気はニクロム線の電熱だからすぐに切れる。それで朝起きたら練炭に火をつけ、お湯を沸かし、竈《かまど》で飯を炊く。風呂を沸かすことも含め、全部、私がやっていた。そういえば、しょっちゅう近所の猫がうちの竈に入って、残り火で焼け焦げつくっていたなあ。

薪《まき》割りも小学校四年生ぐらいからした。日常生活で体を動かすのを当たり前だと思っていたから。それで今も元気なんじゃないの。

それが今では都会も田舎も脳の産物である人工物があふれ、ボタンを押せば、ひとりでに風呂が沸き、暑ければエアコン、寒ければヒーターをつける。それではエネルギーを食うわけだよ。

駅前を歩いても、自動車は少なく、牛馬がたくさんいた。砂利道には牛や馬の糞も落ちていて、糞虫もいっぱいいたけれど、今は絶滅状態ですな。ハエも「五月蠅《うるさ》い」

ほどたくさんいて、そこら中にハエ取り紙とかがあった。頭からバサッ、バサッとDDTをかけられたのもあの頃です。

そして、戦後の食糧増産で、いたるところが畑にされ、農耕用の牛馬の飼料のために山で草刈りがされ、畑には肥だめがあった。

要するに、僕の子どもの頃は努力と辛抱、根性で里山を維持していたから、人間と自然は一体であることは感覚的にわかっていた。でも、今の子どもは生活の中に自然がないから、この感覚をどうやって伝えるか、苦労します。

二〇二二年に、講談社から絵本『「じぶん」のはなし』（絵・よこやまかんた）を出しました。

みんなのからだを大きくするための材料は、田んぼや畑、海や山でとれた植物や動物だと伝え、こう書きました。だから、「たんぼも、じぶん」「はたけも、じぶん」……。「じぶんは　しぜんで　できている。そうでしょ？」

でも、今の若い人はそう思っていない。田んぼ？　俺とは関係ねえ、と思っている。

それどころか自分の吐いたつばを汚いと思い、うんこも今の子は汚いと嫌がる。どっちも身体の中にあったもので自分の延長です。それを汚いと思うのは、自分の延長である死体を汚らわしいと思うのと同じです。

鎌倉の自然が教えてくれたこと

戦後の鎌倉というと、松枯れを思い出します。戦中からの人手不足で間伐を怠ったせいか、根元に雑草がはえてしまった。このため、いたるところに松の切り株があり、そこにいるいろいろな虫を採りに行きました。

家から歩いて一〇分ほどの妙本寺は、よく昆虫採集に行った場所です。寺は、大学時代に鎌倉の本屋で姿を見かけた文芸評論家、小林秀雄が詩人中原中也と会い、境内の海棠《かいどう》の木を眺めたことでも知られています。

妙本寺は、鎌倉幕府の初代執権、北条時政によって滅ぼされた比企《ひき》一族の生き残りである比企能本《よしもと》が一二六〇年に創建したと伝えられる。

この寺のある場所は、比企谷《ひきがやっ》といって、とても木々や虫が多い。小学校の頃は、虫のいそうな場所を棒で叩いて受け皿に落ちた虫を採る叩き網をするか、袋状の網で昆虫をすくい採る方法で昆虫採集をしていました。特に何を集めるということなしに、小さな甲虫を採っていたかな。

五年生だったか、六年生だったか、ミヤマクワガタを寺の裏山で見つけたときはドキドキして、心臓が口から飛び出すかと思った。背の倍ぐらいの高さの木の枝にいて、網が届くかどうか、ギリギリの場所にいる。平地にはあまりいない虫なので、採れたときは、それはうれしかった。

とにかく、今の子は、放っておかれるとスマホをさわっているけれど、おふくろが忙しくて放っておかれた私は、日が暮れるまでお堂の周りを走り回ったり、虫を採ったりして遊んでいました。

おふくろは歳を取ってから、「お前には心はかけたけど手はかけなかった」って、うまいことを言っていましたね。

小学生のときにいちばん遠くまで行ったのは、長野県の霧ヶ峰でした。下諏訪に母のおばがいたので、そこまで友人と行ってから、バスで霧ヶ峰まで行き、採集しながら歩いて山を降りたものです。

虫の面白さですか？　それは「虫の居所」「腹の虫が治まらない」「虫が好かない」などの表現にあるように言語化できない感覚がある。「ああすれば、こうなる」という理屈で動く世界と違い、虫に「こっちに来い」と言ったって、通じない。この場所に行ったら採れると思ってもダメなことがある。この思い通りにならないところも楽しい。

「多様」というコトバを使えば、ひと言で終わりですが、虫は形や色も本当に多様で、これを人間がつくろうったって、つくれやしません。虫の生態は、長い時間をかけて、「なるべくしてなった」結論です。鎌倉の自然は、そうしたことを教えてくれました。

そういえば、昔は、妙本寺の本堂近くの池にヒキガエルがたくさんいて、卵を産む季節になると見に行きました。それが僕にとっての春の訪れです。細長い棒状のゼリーに、たくさん卵が入っていて、孵化《ふか》するとオタマジャクシになる。

夏の訪れは蟬です。ミンミンゼミが鳴くと、梅雨が明けて夏になる。ヒグラシが鳴くと、もう夏は終わりだなと思い、淋しくなる。秋が近くなると、虫採りの季節も終わりに近い……。

それでいうと、今の俺なんか、「十月の蟬」という感じだよ。ギャーギャー泣いても、もう仲間はいない。同級生のうち、もう半分ぐらいが亡くなっているんじゃないかな。

Ⅱ 昆虫少年、医学部へ

栄光学園時代に始めた鎌倉昆虫同好会会報

開校四年目の中高一貫男子校へ

小学生の頃はほとんど自発的に勉強したことはなかったけれど、漱石は高学年から読んでいた。『坊っちゃん』や『吾輩は猫である』は好きだったですね。漱石の文章には江戸っ子気質が残っているから、文章が短く、歯切れがいい。「智に働けば角が立つ」というやつで、これが感覚的に自分に合っていたんでしょう。

自分の部屋はまだなく、母の診療所の待合室も兼ねていた自宅リビングで、読んでいた。

玄関を入ると正面に診察室があり、脇が待合室で、そこには冬になると掘り炬燵《ごたつ》があるので、患者さんに背を向けて腹ばいになって読書していましたね。知らないおばさんとかがいても、それはいつものことだから全然平気でした。

そういえば、姉貴がよく面倒をみてくれて、友達を連れてきて家庭教師をやらせたりした。算数なんかは姉の友人に教わったね。歴史が専門の人からは、「十八史略」を漢字だけの白文で読まされた。まさに江戸時代の素読教育だよ。

「帝尭陶唐氏《ていぎょうとうとうし》は帝嚳《ていこく》の子なり」に始まり、「茆茨《ぼうし》剪《き》らず、土階三等《どかいさんとう》のみ」などと続くくだりなんて、なんのことかよくわからなかったが、これは「土の階段が三段しかない宮殿。宮殿が質素である」ということだと講釈してくれた。

おかげで漢文アレルギーがなく、長じてから漢文教師の家系に生まれた中島敦の小説にはよく親しみました。偶然だけど、中島敦は、うちの親父《おやじ》と旧制一高（現東京大学教養学部）で同じクラスだったらしく、二人は同じ年の一九四二年に死んでいるんですよ。大学時代に東大近くの古本屋で見せてもらった、中島敦の遺作「弟子」の生原稿は、直しがほとんどなく、とてもきれいなものでした。

姉とは、戦後になって鎌倉にできた市民座という屋外映画館に何度か行きました。これがアメリカならドライブインシアターなんでしょうけど、当時の日本人で車を持っている人はほとんどいないから、雨が降ったら上映は中止。その場合は入場券にハンコを押してくれ、次の日に観られる。

「海賊ブラッド」とかハリウッド映画をよく観たけれど、姉貴が連れて行ってくれるのは、みんなフランス映画。子どもが観る映画で面白かったのは、「美女と野獣」ですね。

「美女と野獣」は一九四六年の恋愛ファンタジー映画。仏の作家ジャン・コクトーの監督作で、ジャン・マレーが主役の野獣に変身した王子役をやった。

お城に行くと、魔法をかけられた燭台にパッと火がつく場面があるでしょ。あの手のファンタジーは大好きで、その後、三回観た。今でもネットフリックスとかでファンタジードラマの「霊剣山」（中国）や「花遊記〈ファユギ〉」（韓国）を楽しんでいます。小説でもトールキンの『指輪物語』は好きです。

ファンタジーというのは、はじめからこれは嘘の話ですよ、という約束事でつくられている。だから好きなんだよ。ヘンにリアルな映画というのは、戦争と同じで、あとであれは間違いでした、嘘でしたということになるから、どうも好きになれないし、面白くもない。

中学は、横須賀（神奈川県）にあった栄光学園に入学しました。母親と姉、兄の三人でごちゃごちゃ相談して。はじめは自由学園に入れたらとか言っていたけど、遠いから通いきれない、ってことになってね、開校四年目の中高一貫男子校を探してきた。入学したのは朝鮮戦争の始まった年で、この頃から、白米が食べられるようになったように記憶しています。

一九五〇年六月、南北に分断された朝鮮半島で起きた戦争。戦争が始まると、朝鮮に動員された在日米軍の軍事的空白を埋めるため、連合国軍総司令部の指令で警察予備隊（後に自衛隊に発展）が創設された。

まだ社会の状況が悪かったから、少しは良い教育を受けさせようと、親は思ったんじゃないですか。こちらは何も考えないで受けたけど、けっこう入試は難しかった。カトリックの修道会であるイエズス会を運営母体とした学校には四クラスで一六〇人が入学しましたが、グスタフ・フォスというドイツ人の校長が、新入生の顔と名前を、一人一人写真で見て、全員覚えていたことは印象にあります。

旧海軍の水雷学校の校舎を使った建物が教室で、制服は、ドイツ海軍の水兵服をもとにしたものだったようです。

校則がうるさくてね。月曜の朝には服装検査があり、ズボンに筋がしっかりついているか、爪の手入れをしているのか、チェックされる。制帽を忘れると、家まで取りに行かされた。遅刻は三回すると一日欠席、というルールもあり、欠席が多いと落第でした。

なにしろ学校は、当時の国鉄「田浦駅」から歩いて三〇分ほどかかる港に立地していて、校門に入ってからも海沿いの道を一五分ほど歩いてようやく校舎に着く。遅刻するやつもいるわな、そりゃ（笑）。でも、この徒歩通学のおかげで僕は随分、健康になりました。

教室に入ったら自分の席に座り、先生が教室にやってくるまで、机の上に手を置いて瞑目する。先生が「よし」というまで目をつむっているんですよ。しかも、校舎内ではトイレも含めて私語は厳禁。ちゃんと見張りがいて、校則違反したら罰則で一週間便所掃除をやらされる。

おかげで便所はいつもピカピカでした（笑）。

二時間目の授業が終わると、休み時間は体操です。上半身裸になって運動場を行進し、全校生徒がそろうとラジオ体操をする。冬でもそれをやるんだよ。

なんにしても集団式で、やかましいな、とは思っていましたが、僕は表面上、絶対にボロを出さず、なんていうかな……面従腹背（笑）。

言われたことは一応やる。大した問題じゃないもん。虫のことさえ好きにできれば、あとはどうでもいい。帽子をかぶるとか、ズボンのしわを伸ばすとか、どうでもいいようなルールっていうのは守っておけばいいんだという知恵が、中高の六年間でつきました。

欧米流の倫理に戸惑う

日本でキリスト教の教育を受けると、どうしても日本の常識とズレる。だから、神学の初歩を神父が教える「社会倫理」という科目は厄介だったな。人間は理性と自由と良心を持つ存在であるとか言われても、こちらは理屈っぽいから、「本当かよ？理性にしても良心にしても、それをいくらかずつ欠くのが人じゃないか」と思ってしまう。

「最後の審判」も不思議だった。世界の終わりに神様の前に呼び出されるのはどの「私」なのか。今の私か、未来の私か。もし、死ぬ直前の私なら、神様に何を聞かれたって知ったことではない。そんなことを考えていた。

理性や自由を大切にする欧米流では、何をするにも人が主体で、日常生活を破壊するものといえば戦争など人災です。でも日本の場合、日常を破壊する地震や津波、台風などの天災が多いので、困ったことが起きても、まあ仕方がないと諦めてしまうところがある。戦争や虐殺が起きないように法制化することはできても、自然災害は、起きるときには起きる。そうした天災に慣れている日本人は、何があっても落ちつくところに落ちつく、収まるところに収まるという感覚が強い。

そうした日本に生きているのに、学校では規則規則ですから疲れるわけです。しかも、自己主張が尊ばれる欧米とは違って、日本では、本音を言うと、嫌われるでしょ。場の空気や世間との折り合いを大切にしますから。「男はつらいよ」の寅さんじゃないけれど、「それを言っちゃあおしめぇよ」となる。そのズレに戸惑ったまま僕は内向しちゃったんだ、完全に。なんだか疲れていました。漱石は、明治維新後の国の欧化政策に疑問を持ち、自己本位という言葉をつくったけれど、僕の場合は、自己ができる前に、栄光に入って、まさに欧化政策のど真ん中に入っちゃった。これでは疲れるはずです。

学校では、抜き打ち試験がしょっちゅうあった。しかも、この試験の得点は「平常点」といって、期末試験の成績よりも二倍のウェートがあったのが特色です。要するに、そのときまでにやったことをきちんと理解していないと、次に進んでも意味がない、そういう教育方針だった。

成績は、終業式で優秀者のみが公表されました。平均点九〇点以上だとAオーナーとなり、Bは八三点以上、Cが七五点以上だったかな。

僕はたいていAで、得意教科は数学。英語は中学一年生のときから全部英語でタイプされた教材を使っていた。外国人の先生が多かったから発音がよかったけれど、日本語が下手な先生もいた。

物理は苦手だった。神父の先生が教える物理は、そもそもよくわからないし、先生の日本語もよくわからなかった。体育はどうだったか……。背は高いほうだったからか、サッカー部に入ったけど、もっぱら観戦役でした。サッカーで必要な能力というのは、要するにある種の空間俯瞰能力でしょ。自軍の選手、相手の選手、それからボールの位置。それらを目で見て追っかけるんじゃなくて、上から見た感じを把握してなきゃいけない。この空間把握能力が弱いんです。成績なんか覚えてない。気にもしてないからね。

ただ、Aオーナーになると、青い色の賞状がもらえたことは、よく覚えている。とてもよい紙だから、ちょん切って虫を貼るのに使っていた(笑)。

試験成績とは別に、通信簿には「操行、勉学、礼儀」と三項目があり、日頃の行いが評価された。このうち勉学というのはいかにもイエズス会系の学校らしくて、「神様が与えた能力を十分に発揮しているかどうか」が問われる。だから、いくら成績が良くても、「お前はもっとできるはずだ」と思われると、評価が低くなる。僕は、この三つがさえず、優良可の良でした。

なにしろ内向していて積極性がなく、リーダー格になることは絶対なかったから。よき社会人養成を目的にした学校では、いつも校長から、「アクティブにやりなさい」って言われていたけれど、要するに、よき社会人じゃなかった、俺なんかは。

虫のプロたちとの出会い

昆虫標本は小学四年生から始めたけれど、当時は道具不足で、標本用の箱もなければ虫を刺す針もない。それで古い机の引き出しを箱に使ったけれど、木箱には針が刺せない。おふくろの薬局からコルクの栓を盗んできて、それを剃刀《かみそり》で切り、箱の底に糊で貼るなど工夫したよ。

中学生になると、さびないステンレスの針が入手できるようになるなど道具が増え、随分楽になりました。虫仲間の先輩がいろいろ教えてくれたことも思い出です。

たまたま鎌倉で療養していた蝶の専門家で、鎌倉蝶話会を主宰していた磐瀬《いわせ》太郎さん（一九〇六～七〇）は、おふくろの患者でもあり、面倒見のいい人でした。日課の午後の散歩につき合うと、モンシロチョウのさなぎがどこにいるとか、幼虫がどの葉、草、茎を食べるとか、当時はあまり知られていなかった生態をいろいろ教えてくれた。

東大で化学を学んでいた十歳ぐらい年上の草間慶一さん（一九二四～九八）からは、

小さな虫を紙に糊付けする方法を学んだ。弱い糊だとすぐに虫が落ちるので、無色のマニキュアを使えばいい、って。虫を殺すには酢酸エチルを使えばいいと教えてくれたのも草間さんです。当時は、虫を殺すのに青酸カリを使っていましたからね。川に撒いて魚を捕っているやつもいたんだよ。乱暴な時代だったからね。

酢酸エチルは、今でも使っていますよ。

直接習わなかったけれど、栄光学園には当時、小柴昌俊さん（一九二六～二〇二〇。超新星爆発によって放出された素粒子「ニュートリノ」の観測に世界で初めて成功し、二〇〇二年にノーベル物理学賞を受賞）も講師をするなど、優秀な先生が多かった。

先生には虫のプロもいて、一人が生物の先生。農大出身で、栄光学園にも満洲で採ったハムシの標本を置いていた。もう一人は英語の教師で、先生の標本はロンドンの博物館に入っているそうです。

当時は、インターネットなんてなく、すぐに調べようがなかったけれど、大人がいろいろ教えてくれた。

近所の子や中高の同級生とでつくった鎌倉昆虫同好会では会報「KABUTOMUSHI」を発行、昆虫採集の紀行文などをガリ版で書いて、印刷していました。ロウ原紙に鉄筆でガリガリ書くんですが、ちょっとでも強く書くと、ビリッと原紙が破れてしまう。破れないようにするには、楷書で、角張った字をきちんと書いたほうがいい。そのせいでしょうか、今でも字を崩して書くことができないんですよ。

あの頃から、ゾウムシをよく集めています。あらゆる生き物で昆虫はいちばん種類が多く、その昆虫の中では甲虫類がいちばん多い。そして甲虫の中では、丸っこくて動きが鈍いゾウムシがいちばん種類が多い。つまり、希少じゃないからあんまり集める人がいないので、みんながくれる。そうすると労せずして集まる（笑）。

しかも、ゾウムシはかたいから古くなっても蝶のように壊れない。まさに、残りものには福ですな。

栄光学園時代には年に一度、生徒全員で草だらけになった運動場を整備しました。草刈りをしているとエゾカタビロオサムシっていう結構でかい虫が何匹も出てきて、一人では採り切れない。すると友達が、「おい、これをやるよ」と持ってきてくれる。僕の虫好きを知っているから。今考えたら、中学ぐらいがいちばん幸せだったかな。

「ヘンな高校生がいる」

高校一年のとき、雑誌「科学読売」の記者が会いに来て、記事が出ました。

全国に約五〇人の会員をもつ鎌倉昆虫同好会の会長を務め、会報「KABUTOMUSHI」を発行していた養老さんは、「次代をになう若き研究者」として一九五四年の「科学読売」新年特別号に紹介される。夢は「どんな問い合わせにも応じられる日本昆虫センターをつくりたい」。

近所に読売の記者が住んでいて、口コミでヘンな高校生がいると聞いて、うちに来たんじゃないかな（笑）。

高二か高三のときには、金原《きんばら》二郎というアナウンサーが司会する番組に「変わっている人」として知人の推薦で出演、東京・麴町にあった日本テレビまで行ったけれど、何をしゃべったかは覚えていません。

日本テレビの放送開始は養老さんが高校に進学した一九五三年。当時はまだ街頭テレビが多く、一般家庭にはテレビが普及していなかった。

ほとんどの人は見てなかったと思うよ。親に言われた感想はって？　ないない（笑）。とにかく虫のおかげで思春期はすんなり通っちゃった。男子校だったこともあるでしょう。

学園祭でシェークスピア「ヴェニスの商人」の英語劇をやったときの写真はアルバムに残っている。僕は裁判所の書記役で、大したセリフはなかったんでよく覚えていないけれど、男子校だから主人公の女性弁護士を男がやったのはよく覚えている。なんだか、ものすごくややこしかったな（笑）。

その頃、家で飼っていた「ももちゃん」は忘れられません。大船にあった松竹撮影所で飼われていたカニクイザルを、頼まれたおふくろが引き受けた。

面倒を見るのは俺なんだよ。大工さんのつくった小屋に鎖でつないでいたんだけど、なぜか、隣の家の庭の柿が色づくと、上手に首輪を外しちゃって取りに行く。いても立ってもいられないってやつなんだろうね。

ピーナツをやると、ハムスターみたいに頬袋に次々とピーナツをため、口がパンパンになると手で握り、それでもやると今度は足でもつ。

そうして手も足もいっぱいになったところで、またピーナツをやると口を突き出して、クワックワッといって怒るんだな。まさに手も足も出ないから。

ほんとうにかわいかった。でも、暖かいところにいる猿だから、日本の冬は寒いんだよ。尻尾がしもやけになり、最後は肺炎で死んだ。とてもかわいそうで、もう二度と猿は飼いたくないと思った。トラウマだね。

動物は、できるだけそのまんま、自然のままにしてあげたい。だから犬を飼うのはダメなんだよ。しつけないといけないから。犬は吠えて当たり前、噛んで当たり前と思っている。

受験勉強は歩きながら

子どもの頃から今に至るまで、マンガをはじめ小説、専門書……いろんな本をいろんなところで読んでいました。食事中でも読み、女房に怒られる。結婚式でも本を放さず、顰蹙《ひんしゅく》を買ったことがある。面白い本はもちろん、つまらない本でも、「なんでこんなつまらないことをわざわざ書こうとしたのか」を考えながら読む。それは今だってそうです。だって、そうしなきゃ丸損じゃない、ゴミでも活かせるものは活かす。転んでもただじゃ起きない。その精神はありますよ、いつも。

そもそもゴミみたいなものだと思っても、それをどう料理するかはこっち次第でしょう。そこなんだよ。カッコ良く言えば、自分を育てるためにはつまらないことも活かすことが必要です。

だいたい世の中って、くだらないことが多いから、それをただくだらないと言っちゃうと、ないことになっちゃうでしょう。でも、世の中には、くだらないことがあるんだから、それを見落としちゃいけない。バカらしいことでも、バカらしいなと思いつつ、あるものとして受け取るしかない。そう思っています。

話をもとに戻すと、高三の二学期末の成績は確か学年トップでしたが、これといった勉強法はなかったね。東大のような国立大学では教科書の範囲からしか出題されないので、あれこれ参考書には手を出さず、基本をしっかり理解するようにしました。

座って読むのが落ちつかないと、歩きながら読む癖があり、小学生のとき、なんか蹴ったと思い、顔をあげたら目の前に馬の顔があった。飼い葉桶を蹴ったんだね。だから、でっかい本は重いのでバラして分冊して持ち歩く。医学部や大学院の受験ではそうしました。

散歩するときって、あれこれ考えるでしょ。ざーっと読んだら、内容をよく考える。これを繰り返せば理解が進む。数学の問題も頭の中で計算した。その習慣のせいか、中学に入ったばっかりの頃の暗算コンクールでは、そろばんをやっている同級生に勝った。

ふつうなら考えてもわからないと途中で雑念が入ってきて、やめちゃうでしょう。でも、僕は生まれつきしつこい。ひと晩寝ると、前日に考えたことを忘れちゃっても、それは苦にしない。もう一度最初から考え直す。そのほうが訓練になるじゃないですか。高校時代には、幾何の問題を一週間考えていたことがある。

そのかわり、紙にメモするのは苦手で、書いたメモはどこかにいってしまうし、見つかっても何が書いてあるか、わからない。

要するに、手を動かすのが面倒くさいから、なるべく頭で間に合わせようとする。怠け者なんですよ。

後年、『唯脳論』で、自然を排除し、脳だけでつくる都市のひずみを指摘しましたが、それは頭でっかちの欠点がよくわかっていたからともいえる。へたの考え休むに似たり。頭だけで考えたことは身体知には及びません。

十年下の団塊の世代の受験時代と違って、受験戦争という言葉もなく、入試が大変だったという記憶はありません。

戦後のベビーブームに生まれた団塊の世代は高校、大学進学率が急上昇、彼らが受験する一九六〇年代から、受験戦争といわれた。

虫を勉強したかったけど、当時は昆虫を専門にしようと思ったら、国立だと、九大か北大しかなかった。でも、おふくろは「遠い大学はやめてくれ」って言う。それで東大理科II類を受け、合格しました。理科の選択は二科目で、生物と化学で受験しました。

養老さんが大学に入学した一九五六年は経済白書に「もはや戦後ではない」という言葉が登場し、石原慎太郎が「太陽の季節」で芥川賞を受賞した。それは戦後世代の若者の登場と消費社会の到来を刻印する出来事だった。

東大の教養課程は駒場で学ぶから、横須賀線で鎌倉から品川まで行き、山手線に乗り換えて渋谷まで、そこから京王線で東大前まで通った。通学時間は、本ばかり読んでいました。

「医学部へ行ってくれ」

合格発表のあとは、さあ虫採りって感じで、すぐに長崎県の対馬まで昆虫採集に行きました。

その虫採りといえば、入学直後の五月の連休で、天城山に行ったとき、ひどい目にあいました。戦後復興が進み、食糧難で拡大した農地はつぶされ、天城山でも杉の植林を始めていた。それが、めぐりめぐって僕の不運につながりました。

つぶれた農地にあった肥だめの上に落ち葉などが積もると地面に見えるでしょ。そこをうっかり踏めばドボンです。まさに僕はこの〝落とし穴〟にはまってしまった。近くのワサビ田で洗っても、きれいにならない。しょうがないんで、そのまま混んだ電車に乗ったら、僕の周りだけすいているんだよ……。臭いから。

この拡大造林で全国に杉が植えられ、一九九〇年代になると国民総花粉症みたいになる。ヒトが頭で考えてやることには、いろいろな落とし穴があるもんですな。

入学すると、鎌倉在住の東大生でつくる「鎌倉東大会」で夏休み、小中学生を対象

東大生時代、虫仲間と奥日光へ

に塾をやりました。これが結構いいアルバイトになった。なぜかというと当時の小中学生はまさに団塊の世代で、進学が大変になっていたから塾に通わせたいという親が増えていた。教える学生は何人ぐらいだったかな。一〇人いたかどうか。

新入生だった僕は塾のマネージャーをやりました。夏休みの子どもたちの「不良化防止」などを呼びかけながら、生徒集めをしたり、市内の小学校や公民館などに場所借りの交渉をしたりもしました。

当時の東大の授業料が確か年間で六〇〇〇円ぐらいだったかな。塾は週に一回、一〜二時間教えて月に三〇〇〇円ぐらいでした。卒業するまで続けましたが、あのままやっていたら駿台予備校みたいな大きな塾になっていたかもしれない（笑）。

ただ、教えるのは思いのほか大変で、数式の「$x = y$」を理解できない子や「$3a - a = 3$」という生徒がいて、困ったね。日常言語の世界にいる子どもからすれば3aからaを引くと3なんでしょうが、代数は日常の感覚を離れないとできない。

だから「お前の言うことは国語としては正しいが数学としては間違っている」と言

い、こう教えた。3aとはaが三つあるという約束事だから、3aからaを一個とると2aになる。それでもわからない子はわからない。あれは「壁」を感じた最初の経験でしたね。

マージャンもしたな。鎌倉駅に近い自宅には友人が集まり、メンツが足りないと、おふくろも参加した。

二年の教養時代も終わりに近づくと勉強に追われました。当時東大にはまだ理Ⅲはなく、医学部に進むには三年生になる前、学部試験に合格する必要がありました。

この試験は、他大学の学生でも教養の単位をとっていたら受験ができたので、大学入試よりもはるかに大変でした。しかも試験科目には第二外国語もある。で、仕方がないから駒場時代はちゃんとドイツ語を勉強したよ。だから今でもゲーテの『若きウェルテルの悩み』は、最初の文章を原文で覚えている。試験では、人文社会科学からも一科目とれっていうんで、しょうがないから国文学史をとった。

とはいえ、このときもまた実はギリギリまで、生物に進むか、医学部に行くか、決めかねていました。でもね、いつもは元気なおふくろが、そのときに限って急性肝炎か何かで寝込んでしまい、「医学部に行ってくれ」と懇願するんだよ。医者になれば時代がどうあれ、食っていける。関東大震災を経験し、夫を亡くした状況で、戦中戦後を生きてきた母はそう思ったんでしょう。

それで僕のほうが折れた。実は昆虫標本について手紙でやりとりしていたハワイの博物館の研究員に、「日本には昆虫専門の就職口がない」と伝えると、「雇ってやるからすぐ来い」と返事がきていた。でも、母子家庭だから、おふくろを置いて行くわけにはいかない。

人生に分かれ道があるとしたら、あそこだったな。

合格しても、おふくろは、「当たり前だろ」みたいな顔で、反応もなかった。「ハワイに行く」と言ってやればよかった。

Ⅲ 解剖学者の奮闘

東京大学医学部の解剖学研究室で

初めての解剖実習

医学部に行き、夏休みが終わると解剖の実習が始まりました。それまではカエルの解剖をしたことがあるだけ。想像しただけでも緊張しました。初めて本郷の医学部三階にあった実習室に入ったときの光景は今も目に浮かんできます。

大理石の床につくりつけられた解剖台に、大きな白い布で包み、さらに乾燥しないように全体をビニールで包まれた死体が、ズラッと寝かせられていた。学生数九〇人、学生二人につき、一体ずつの死体が出され、大学院生もいたから約五〇体が一部屋に並んでいる。これが壮観というか、実に驚いた。

ビニールを取り除き、白布を開けると、人間の一部が見えてきた。私が死体と出会った初めての瞬間です。それは、おじいさんで、肩の部分がかなり盛り上がっている。専門的にいえば、皮膚の下の結合組織が両肩とも非常にかたくなっている。今の人にはわからないだろうけれど、生前に天秤棒を担いでいたんでしょうね。

天秤棒とは、棒の両端に荷物をかけ、担いで運搬する道具。水洗便所が普及する以前は、便所からくみ取った糞尿を桶に入れ、天秤棒で担いで、荷車に載せて運んだ。

解剖は、首から始めるから、最初は緊張するんだよね。皮膚にメスを入れて、皮をペロッと剝《む》き、いちばん表面にある薄い筋肉が見えてくると、その筋肉と結合組織の違いを観察する。それから解剖を少しずつ進め、動脈と静脈の違い、神経などを確認していく。

一日でどこからどこまで解剖するかは決められていて、少しずつ人体の組織を覚えていく。その日、決められた部分まで解剖すると、アルコールで浸した布で死体を包み、さらにその上をプラスチックのカバーで覆って乾かないようにしてから帰る。一体の解剖に、二、三か月かけ、これを繰り返す。

保存のために使ったホルマリンとアルコール、それと人の脂が混ざった臭いが解剖部屋には立ち込めています。それが独特で、食事をするときは一週間ちょっとは抵抗がある。でも、これは慣れる。別に論理は何にもない。

子どものキャンプや農家での体験学習で、今の子は、ボッチャントイレ（汲み取り式便所）ができないというけれど、専門家によると、やっぱり一週間すると慣れるという。それと同じです。

でも顔と手の解剖はなかなか慣れない。要するに、両方とも表情があるのに、死体になると動かない、これが嫌なんです。動かない川なんてない。これが止まったら不気味でしょう。

しかも、普通、生きている人の手を触るのは、親しいときとか、特別な場合で、ふだんはあまり触らないでしょ。でも解剖では死体の手を触らないと実習にならない。これがなんともいえない違和感がある。

目玉も、それだけで何かありそうな気がする。どんな？　と聞かれたって、口で言えることと言えないことがある。「お前やってみな」と言うしかない。だから、解剖実習なんですよ。

ヒトの身体には個性がある

医学部生になってから虫のほうはお留守になりました。手先を動かし、顕微鏡を使う解剖は、虫の標本づくりと似ていますからね。解剖は向いていたというか、面白かった。

ひとくちに死体といっても、それぞれ同じようでいて違う。ヒトの身体には個性があるからです。たとえば子の皮膚を親に移植したってくっつきません。逆に親の皮膚を子がもらっても、やはりくっつかない。身体はたとえ親子であっても自分と他人を区別する。それぐらい個性的です。しかも、天秤棒を担いでいたおじいさんの死体のように、その人の歴史が身体には刻まれている。

今はそう思わない人も多いみたいで、教授時代だったか、ある学生が「先生、この死体は間違っています」と言うんで、驚いた。要するに教科書通りじゃないっていう。彼らは、統計上の正規分布の中央値である教科書の解剖図こそ生身の身体よりも正しいと、コンピューターのように判断するんでしょう。そういう人は顔認証システムで同一人物と判定されたら、もしかしたら別人かもという自分の感覚的違和感をあっさりなかったことにしてしまうでしょうね。

解剖すると、生き物の構造は、そんなきれいに正規分布していないことに気づく。神は詳細に宿るという言葉がありますね。私は、一つ一つの死体の細部を大切に見てきました。

なにより関心を持ったのは意識です。基本動かず、しゃべらない死体を前にすると、それを見ながら動いている自分に対する問いかけが多くなる。「見ている俺とはなんなんだ?」「俺と死体との違いはどこにあるのか?」。この疑問を問い詰めていくと、「意識って何だ?」という根本的な疑問になっちゃうんです。だって、生きている人と死んでいる人って物質的には変わらない。でも、こっちには意識があり、あっちには意識がない。では、「意識って何だ?」。

ただ、脳を解剖したからといって、意識なるものは見えてこない。コンピューターをバラしてチップが並んでいるのを見ても、コンピューターが何をしているかはわからないでしょう。それと似ている。仮に脳のニューロンの接続を調べようとすると、一個の細胞に数千ものシナプスがくっついてるから、そのつながりを解明しようたって容易じゃない。

それで意識のことを調べようと、医学部の図書館に通ったけれど、あんまりいい本がなくてね、当時は。

そうこうしているうちに学部時代が終わり、東大医学部附属病院のインターンになりました。

一九四六年から六八年まで、医学部卒業生に課せられた診療実地修練。かつてはインターン教育を終えないと、医師国家試験を受験できなかった。

内科から耳鼻科まで、まじめだったから全部回り、外科では心臓手術にも立ち会わせてもらった。

インターンで痛感した臨床医の重責

インターン時代、外科で最初にやらされたのは、患者の開腹部がよく見えるように鉗子《かんし》で広げることでした。力まかせに引っ張ればいいってものではない。手術医がどこを見たいのか、それをわかっていないとうまくできず、なかなか難しい。

小児科研修では先生にほめられました。入院患者の問診で、あるお母さんが「子どもにこういうことがあった」と言うのを聞いて、医師に伝え、診断が変わったからです。これは教科書にある答えを探すことばかりしていてはできない。現場で真面目に考えること、問診に時間をかけることの重要さを学びました。

ただ、医学部の教授たちは忙しくて、医師資格のない僕らを誰がどこまで教えるのか、ミスの責任をどうするのかなど、制度にはいろいろな問題があった。無給であれこれやらされる僕らは僕らで、しょっちゅう文句を言っていました。

学生でも医師でもないという身分の不安定さなどが問題になり、一九六八年に医師法が改正された。

なにより痛感したのは、責任をもって患者さんを診ることの大変さです。ある手術の前に、先生から「担当なんだから血液型だけは自分で確認するように」と言われ、早速、患者のカルテを確認しましたが、手術当日になって大目玉をくらいました。検査を担当した先輩が、結果を誤ってカルテに貼っていたんです。それがわかった瞬間は顔が真っ青になった。

患者は無事でしたが、ペーペーのインターンが先輩のやることまで疑わなくてはならないのか……これはえらいことだと思った。

高齢の末期がん患者の手術で、若い医師が止血する動脈の選択を誤ったことを知ったときもショックでした。解剖の知識があるから、あそこはいちばん間違えそうなところだとわかりました。こんなこと繰り返していたんじゃたまらない。これはもう医療事故ですからね。

臨床をしたくなかった理由は、思えば、まだある。診察で気になったことがあっても、患者は「治った」とか言って、いなくなり、「おーい!」と呼んでも帰ってこない。そうなると、気になることをしつこく考える僕は困る。

その点、解剖は、「変だな」と思ったことを、翌日もしつこく考えつづけられる。患者さんの体はどんどん変化しますが、死体は自分が働きかけないかぎり何も起こらないからです。いきなり「治った」とか言って、いなくなることもありません。

今思うと、臨床には本気になれなかったんでしょうね。昆虫採集で野山を歩き回っていた子どもの頃から、自然はなるようになるもので、人間ができるのは手入れだと思ってきた。患者の身体も自然だからそれと同じ。医者は病気を治すと思っているけれど、患者は治るときにはひとりでに治る。

医者というのは、そちらの方向に行くように、手伝いをするものだと当時から思っていました。

今も基本、その考えは変わっていません。疫学統計で有名な「フィンランド症候群」というのがあってね、かつてフィンランドで、健康管理を施す人々のグループと、それを一切しないグループの二つに分けて調査したら、何もしなかったほうが、総死亡数が少なかったという報告があります。つまり、人体に下手に介入しないほうが、寿命が長かったというものです。

これとよく似たことで最近米国を中心に注目されているのが不耕起栽培です。人類は長い間、農業というと耕作、つまり土をさんざん耕し、掘り返すことを農業だと思ってきましたが、不耕起栽培というのは、できるだけ自然にまかせ、化学肥料、殺虫剤、除草剤を使用せず、土壌や土壌生物の力だけで育てても十分に採算の取れる農業ができるという実践です。

「僕が治療したから治った」「俺が耕したから収穫が増えた」と思いたい人はいるけれど、実は、放っておいて、自然の力にまかせたほうがよいことって、あるんです。

もちろん、完全に放っておけばいいとは思わない。庭だって畑だって、森林だって手入れが必要なように、人の身体もお肌も手入れは必要。体が痛む、急に痩せるなど身体の声を感じたら、手入れをすることは大切です。

大学院で基礎から学び直し

インターン時代の夏、伝染病研究所で寄生虫を研究していた教授が、奄美大島（鹿児島県）で感染症のフィラリアの検診をする医学生を募集していたのに応じ、一か月余、島に滞在しました。

暑いさなかに全住民の血中をチェックしたので大変でしたが、奄美は、日本でもいちばん自然が残っているといっていい南の島で、虫採りには便利でね（笑）。あの島は、二〇二一年に世界自然遺産に登録されたでしょう。ああいう自然の中でじっとしていると、自然と一体化していると感じられる。自然の持っているリズムやルールに、我々の身体の中にある自然が共鳴するんだと思います。あのまま解剖に行かず、寄生虫をやっていれば全然違っていたと思う。思えばあれも人生の分岐点だった。

でも、ちょうどその頃、米国で生まれた分子生物学（生命現象を分子を使って説明することを目的とした学問）にはどうしても関心が持てず、やめました。虫採りが好きな僕には、自然の生き物を研究するフィールドサイエンスとしての生物学には関心が持てても、分子生物学はどうにも肌に合わなかった。

生物を実験室で細胞に集約し、統計的、論理的に考える分子生物学の先行きは見えている、と若いから生意気にも思った。だって、論理的というのは「ああすれば、こうなる」と決まっていることだから調べてもしょうがないでしょ。そもそも、いくら分子レベルで生物を研究し、わかったと思ったところで、人には虫一匹すらつくることはできない。頭でわかることには限界があります。

そこで進路として精神科を考えました。「生命とは何か？」「人生とは何か？」を考えるのが学問だと思い込んでいたし、学部時代から関心があった意識について研究したかったからです。精神科だったら、あんまり患者に死なれる心配はないだろうとも思った。

でも精神科の大学院は当時、入試はなく、くじで選抜した。戦争で翻弄され、人生はくじみたいなものだと思っていたから、わざわざくじは引きたくない。人生は偶然に左右されるってことが、くじを引くときには意識化されるでしょう。それが嫌だった。くじ運も昔から悪い。

案の定外れてしまった。そこで医学の基礎とされる解剖学から学び直そうと思い、第一基礎医学の大学院を受験した。こちらは定員不足なのに入試はちゃんとあった。

大学院に入ったとき、臨床の先輩から言われた言葉が胸に刺さりました。「お前、スルメを見て、イカがわかるか?」というのが一つ。「死んだ人間を見て、生きた人間のことがわかるのか?」というわけです。

「解剖なんて、杉田玄白だろう」。これもよく覚えている。「そんな時代遅れなことをやってどうする?」

生きている人を診る臨床医からすれば、解剖は不要で不急なものに見えるのでしょう。コロナの時代に「不要不急」という言葉が登場したとき、自分の研究は必要なのか、と真剣に悩んだあの頃を思い出しました。

六〇歳になって、スルメとイカの内科医に反論したのを覚えているよ。生きている患者を情報化して論文を書いている内科医は、「スルメを生産してきただけじゃないか」ってね。そうしたら、「お前はなんだ？」と聞かれたので、答えましたよ。

「私は、スルメを（解剖して）サキイカにしていただけです」


そういえば、大学院に入った年の四月に、僕の先生の先生である小川鼎三先生から声がかかってね、「君、動物園に行かないか」と言われたことがあった。多摩動物公園をつくった林さんという園長さんがね、「動物園は獣医さんが多いんだけど、人間の医者が欲しい」と言っているって。

さすが大学院に入ったばかりだったから断ったんだけど。頭越しに、僕に声をかけたことに中井準之助先生は怒っていたね。解剖に入る人は少ない。人材が少ないところへ、よそに持っていかれちゃ困るからです。

「勉強が足りねえ」

大学院時代はかなり勉強した。二〇一二年に京都大の山中伸弥教授と同時にノーベル賞をもらったジョン・ガードンの論文が話題で、iPS細胞（人工多能性幹細胞）の根幹になる、カエルのクローンに関する記述は本当に印象的でした。

それで解剖学に限らず、発生学などいろんな英語文献を読み、生命とは何か、を考えました。「生き物の形は遺伝子が決めている」って簡単に言う人がいますが、三歳の私と今の私は同じ遺伝子でも、写真を見るまでもなく違う。

死体は動きませんが、ヒトは呼吸し、消化し、血液を循環させ、時間とともに身体を変化させる。生きている状態をどう記述するのか。意識の問題を含め、みんなわかったつもりになっているのに、よく考えると訳がわからなくなることを学び、問いつづけた。

もみあげだって、そう。なんでここだけ頭髪のように毛が伸びるのか？　疑問を持つと学問はキリがない。
勉強が足りねえ。四年間の大学院時代にしみじみと感じました。例えば耳にある伝音系は、音がよく聞こえるような物理的構造をしているはずだけど、それを理論的に解明しようとすると学問の壁にぶつかる。こちらは高校の物理で落ちこぼれているからね。しかし、本気で何かを知ろうとすると自分を変えざるを得ない。だから、飲み屋で友達になった工学部教授に物理を教えてもらったこともあります。
解剖の歴史も学び、山脇東洋という日本で最初に官許の解剖をした人の名前は、小川鼎三先生から耳にタコができるくらい聞きました。解剖というと『蘭学事始』の杉田玄白が有名で、西洋医学から学び、吸収したものと思われているが、そうじゃない。

山脇東洋は江戸時代中期の一七五四年、京都で死刑囚である首なし死体の腑分《ふわ》けをした。

古代の律令時代から解剖は法の禁じるところでしたが、古い中国の本を読み、「ヒトの内臓はカワウソに似ている」ことを知った東洋は、真面目な人だったらしく、カワウソを解剖した。でも、「親試実験」という近代科学の実証精神があった東洋は、それでは納得がいかず、京都所司代の許可を得て解剖し、「蔵志」という書物まで出した。

僕が面白いと思ったのは、杉田玄白らがオランダ語訳の医書『ターヘル・アナトミア』と出合う前に、解剖してヒトの体の中を見なきゃ、医者なんかできない、と考えた日本人がいたという事実です。

ロンドンに国費留学中に英文学をどう勉強するかに悩み、神経衰弱となった漱石が、文学は教えてもらうものではない、自分でつくるものだと気づき、「自己本位」と言ったでしょう。漱石の言う自己本位は自分勝手じゃなくて、自分で考えてやらなきゃダメだという意味です。東洋は、この自己本位で解剖の道を拓きました。

では、自分はどの道に進むのか。これがまたギリギリまで定まりませんでした。

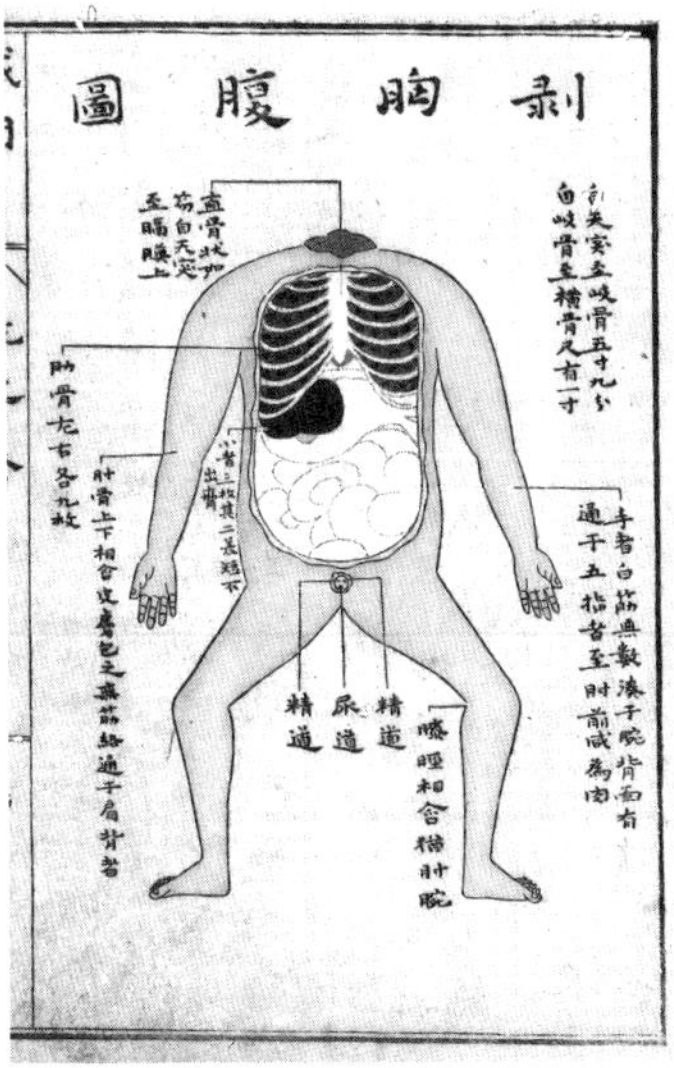

山脇東洋「蔵志」の剝胸腹図

遺体引き取りから供養まで

大学院生活を終えたら解剖学教室の助手になろうと決めていたかって？　いや、全然。フリーターでもいいと思っていた。医師の資格を取っていたからアルバイトで稼げた。当時、精神科の病院で一晩アルバイトすれば一万円くれたので、週一回の当直をすれば月に四万円入る。助手の初任給は四万円でしたから変わらない。

でも、先輩の女性が英国に留学しちゃって助手の席が空いたので、恩師の中井準之助先生に強制的に助手にさせられた。最初は「嫌です」と言った覚えがある。自分も英国留学をし、発生学を研究したいという思いもあった。でも中井さんが、「推薦状を二通は書けねぇ」と言うんだよ。

ほめられたことはあまりないけど、非常にいい先生でしたよ。「教養とは、人の心がわかる心」だとよくおっしゃっていた。『バカの壁』の中で、人間の身体はそもそも個性的なんだから、若い人は個性的であろうなんて思わず、むしろ人の気持ちがわかるようになるべきだ、と書きましたが、「人の心がわかる」は先生の言葉でもあるんです。

助手になって数年後、オーストラリアに留学する際に先生が書いてくれた推薦状を見せてもらったことがあります。「この男は気が向けばよく働く」。誰でもそうだと思ったけれど……（笑）、率直な先生でした。

学生時代はお客様だけど、助手になるとご遺体の引き取りや解剖の準備もするようになり、けっこう忙しくなった。なにしろ、僕は社交慣れしていないから「お葬式に行って、挨拶しろ」と言われるだけで往生した。

亡くなられた方の献体の引き取りは時間を問いません。人の死というのは大晦日だろうが元旦だろうが関係ないからです。

古い車で運んでいたので、棺桶を出し入れするトランクが故障で開かなくなり、往生したこともある。ガソリンスタンドに相談するわけにもいかないから、棺桶の上に腹ばいになり、ドアのネジを内側から外したこともあった。

献体をしてくださった方のお葬式に行き、お香典の問題で、大学当局と大喧嘩したのもあの頃です。香典のお金は国のものですから、事務がさ、「領収書を持ってこい」と言うんだよ。それで、「お取り込みのところ恐れ入りますが」と言って、領収書にサインしてもらう。ほんと、お取り込み中なのに、そうしなければならない。でも、遺族のほうは、取り込んでいるから「いらない」と言う人がいるんだよね。で、現金を持って帰ると事務に怒られる。お金を国庫に戻す手続きがものすごく面倒くさいらしくて、嫌がるんだよ。まいったね。

教授時代になってから、主任教授と主任の会計官のハンコさえあれば香典は出すことができるようになったけれど、若い頃は、いろいろ大変でした。でも、その仕事をきっちりやったことで、研究をしているだけではわからなかったことをたくさん学びました。

車で献体を運び、大学に戻ると、処置室で、ご遺体にホルマリンを注入し、浴槽で保管しました。

今は、ご遺体をプラスチックのチャックのある袋に入れて、ロッカーに収めて保存しますが、当時は、三メートル四方ぐらいだったかな、アルコールの入った大きなタイル製の水槽に入れていた。ホルマリンはね、ちょっと刺激性が強くて。注入した遺体は、そのままでは解剖には使えない。鼻がツンツンして、涙が出るしね。だから、水槽に入れて、ホルマリンをアルコールに置き換え、解剖ができるように準備する。

そして、実習の日になると、一階にある水槽から死体を一体一体取り出し、ストレッチャーに載せて、三階の実習室に運ぶのも主に助手がやった。だから、それは忙しかったよ。

三階に行くエレベーターは、ガラガラと網が閉まる古いエレベーターで、これがときどき故障するんだよ。そうなると、死体といっしょに当分の間待っていないといけない。

そして、年に一度、解剖体の慰霊祭に参加し、供養しました。

あの頃の思い出には、ノーベル文学賞をとった大江健三郎さんが東大在学中に書いた小説「死者の奢《おご》り」もあります。

「死者の奢り」は、死体処理のアルバイトをする若者の徒労感を通して、現代の虚無を描く短編で、一九五八年に第三八回芥川賞候補になった。この回の受賞作は開高健の「裸の王様」だった。

「死体洗いのアルバイトがあるそうですが?」って電話を何度受けたかわからない。

あれは、あくまで小説で、実際は僕らが全部やっていました。
解剖実習が終わると、実習室を整理し、いくつもある灯りを消していくのも助手の仕事でした。消して暗くなった場所から何かが起き上がってきそうな気がしてゾッとしたものです。

大学紛争で研究室封鎖

東大で紛争が起きたのは、助手になって二年目だったか、一九六八年でした。普通に他の学部を出ていたら就職して五年以上たっているのに、僕はようやく社会人として自立し、これから一人前の研究者になろうという矢先でした。

紛争の発端は一九四六年に導入されたインターン制度。研修環境の劣悪さから全国で廃止運動が活発化した。東大医学部の学生処分などを機に、紛争は拡大。全共闘の学生による安田講堂の占拠事件に発展した。

僕も経験した無給の研修医制度に問題があったことは確かで、団塊の世代の学生の言い分はわかったけれど、みんなで団子になってやる姿勢は違うと思った。全共闘は、なんか抽象的な視点をテコにものごとを全部ひっくり返す議論をする。あれは日本の社会運動のやり方だね。ずーっと遡ると尊王攘夷、下がってくると二・二六事件を起こした陸軍の皇道派です。

これに対して、当時の大河内一男学長は、安田講堂を占拠した学生を、夏休み中に機動隊を導入して、実力排除しちゃった。そしたら休みが終わり、帰省先からドッと学生が学内に戻ってきて大騒動になった。学生とは犬猿の仲の警官を学内に導入した大学も手を誤ったといえば誤ったんだね。

僕は助手だから既に体制に組み込まれている。でも、教授会には出られず、決定権は何もないから要するに本当の中立。どっちから見ても、どうでもいいというグループだった。

それがある日、赤門を入って突き当たりにある医学部本館二階の解剖学研究室に、ゲバ棒を持ったのが二、三〇人、覆面をして乱入し、「外に出ろ」って言う。しょうがないから出たら、今度は「もう入るな」――。研究室は一年以上、封鎖されました。

「俺たちが懸命に戦っているとき、お前ら、のんびり研究なんかしやがって」というのが封鎖にきた学生の言い分だった。「この非常時に、口紅を塗るなんて」という非国民の論理と同じで、その雰囲気は戦争中とそっくりだった。

『バカの壁』が二〇〇三年に出版されたとき、編集者が本の帯に、〈「話せばわかる」なんて大うそ！　やっぱり問題は「壁」だった。〉と書いたけれど、まさにそれでした。紛争を非常時と考えている学生とは、まともな話し合いなんかできやしません。

ちなみに、鎌倉の自宅書斎の机は犬養毅邸にあったものを、縁があって譲り受けたものです。


一九三二年、九人の青年将校が時の首相、犬養毅を急襲。「話せばわかる」と言う首相に対して、「問答無用」とピストルを発射し、殺害した。五・一五事件である。

こっちはこっちで命がけ。これから本格的に研究というときに研究室から追い出され、仕事にならなくなった。ものすごく腹が立ったね。

酒を飲むようになったのはあの頃ですね。紛争で研究はストップし、することねえから、しょうがないんで助手仲間や同級生と夜は専ら新宿などで飲んでいました。

日常から離れた学問でいいのか

大学には行くけど、教授陣はどこかのホテルで秘密裏に教授会をしていて、やることがない。だから助手たちは封鎖されなかった東大病院の空き部屋などで助手会を開き、あれこれ議論していた。最初は二〇人ほどいたのが最後は僕ら四人だけ。気のきいたやつは病院などで仕事するためさっさと離れていったな。

一九六九年一月十八日、全共闘の学生が半年にわたって籠城した安田講堂に機動隊が投入され、翌十九日、封鎖は解除された。

安田講堂に機動隊が入る日の前日には、お茶の水のホテルに待機させられた。教授会の傭兵みたいなもんだね。

そんな日々でも研究のことが頭から離れなかった。英国の解剖学雑誌に唾液腺の発生に関する僕の英語論文が掲載されたことが尾を引いていました。「これは英語のネイティブが書いたもので、日本人が書いたものじゃない」――レフェリーのコメントが気になってならなかったんです。

普通、日本人が書く論文は日本流英語になる。でも、僕は英語で繰り返し考え、凝り性だからこれでいいと思う表現にたどり着くまで頑張る。ネイティブに比べると語彙が少ないので、完成までにえらく時間がかかったけれど、英語の文脈になっていたんでしょうね。

でも、コメントを読み、英語で書くことにすごく疑い深くなってしまった。自分が日本語で話し、日本の制度の中で生きているのに、なんでこんなに苦労してまで英語で書かなければならないのか。そもそも自分たちとはバックグラウンドが違う人たちに評価されるシステムって、おかしくねえか、と考えた。

大学院入試のときに読んだ『方法序説』を書いたデカルトのことも頭にあった。「世界という大きな書物」を読むために、自分の書斎を出たのがデカルトです。大きな書物である世界、生きている日常生活とまったくつながっていない学問でよいのか――へそ曲がりだと思うけれど、英語論文を評価されて、そう考えた。

助手時代、まだ自分の研究室にエアコンがなかったのに、医学部に冷暖房完備の実験動物棟が建ったことにもへそを曲げたね。

いつも餌があってね、水があり、敵がいないところに生物が生きているわけじゃない。恵まれた環境で飼われる実験用動物はブロイラーみたいなものですよ。それを見て、「これは動物じゃねぇ」と思った。子どもの頃から生き物に親しんできた自分の日常感覚からすると、仮説を立てて実験動物で研究する欧米流の自然科学は「人工」科学にしか見えず、肌に合わない。

紛争が起きたのはまさにそんな頃で、学生から「自分たちの日常生活と有機的関連のない学問はいらない」――、そんなふうに言われたと、僕は受け止めた。

言った学生は、紛争が終わるといなくなったけれど、言われた私は、その問いを必死に考えていかざるを得なかった。

飲み屋で異分野交流

一九七一年、オーストラリアのメルボルン大学に留学した。むこうの心臓財団からの支援で、冠状動脈の研究をしました。まさか自分が歳を取って心筋梗塞になるとは夢にも思っていなかったけれど。

本当にハッピーだった。あの国は、国土が広いのに人口が一二〇〇万ほどだったから、人間から受けるストレスもあまりない。しかも、借りた一軒家は公園の一角にあり、日本とは違った虫がゴロゴロいたるところにいる。あの国は当時から土曜と日曜が休みだったから、週末は虫採り三昧の生活。ほとんど天国でした。

ただね、留学中には二度ばかり、運転中に交通事故に巻き込まれたことがあります。一回の事故で、自分の車も含めて三台ずつ壊れた。運動神経がよくないこともありますが、運転中でも何かを考え出すとそれに集中してしまい、瞬時の判断が遅れるんでしょうな。運転には向いていないと思い、免許の更新はやめました。

この留学は、四年間の予定でしたが、たった一年で終わりました。行って間もなく「助教授ポストが空くから帰ってこい」と中井準之助先生に言われたためです。

大学に戻ったら、紛争の後遺症は片付き、正常化していると思っていたけれど、これが変わっていないんだよ。相変わらず全共闘の残りが教授会に殴り込み、机をひっくり返していた。学生同士もセクトの違いで争っていた。

一九七二年二月、連合赤軍の男五人が山荘管理人の妻を人質にとり、一〇日間立てこもった「あさま山荘事件」が起きた。機動隊との銃撃戦の末、警察官ら三人が死亡した。

解剖実習では緊張したよ。部屋中、刃物だらけだからね。喧嘩にでもなったら死体が増えちゃう。当時は本当に真剣に心配し、彼らを仲良くさせるのに苦労しましたよ。

ただ、研究に気合が入らない。好きな昆虫のことは誰になんと言われようと、「そんなことは知ったことではない」と開き直れる。でも研究は仕事で、求められたのは欧米で評価される英語の論文を書くこと。それは自分には合わないし、合わせる気もますますなくなっている。

解剖標本はいらない、コンピューターの断層写真で十分、人体模型で代用すればいい、という声も聞こえてきた。でもね、人体の解剖標本は顕微鏡などで調べていくと細胞、そしてDNAまで出てくるけれど、模型はどんなに調べたって全部プラスチックでおしまいですよ。話にもなりません。

死体を排除する世間のこうした意識は気にくわなかった。

これでは頭が二つある一心両頭人間にならざるを得ない。折り合いをつけられず、辻褄合わせの毎日で、まるで塀の上を歩いている感じ。中に落ちたらアカデミズムの論理、外に出たいなら大学を辞めることになる……。

それもあって飲み屋に行って、勉強した。いろんな専門家と話すんです。異分野の専門家が集まる京都の研究会に参加し、数学者の森毅さんやゴリラの研究者山極寿一さん、経済学者の佐和隆光さんらと出会いました。人づき合いは苦手だけど、酒を飲むと全然関係ない人とでも話ができるようになった。

僕はだいたい聞き役でね。専門の話や最新知識は幅が狭くなるばかりだから、あまり役に立たないけれど、その人たちが話すときの前提や、何を考えて研究しているのかは、できるだけ虚心坦懐に聞いた。自分は統計学的手法の研究を疑っていたから、研究の基礎の話に関心があった。

それは前線の兵隊が鉄砲を撃ちながら、戦争の意義を考えているようなもので、僕は、死体を解剖しながら、全共闘の学生たちや内科医から不要不急と言われた解剖の意義を考えていました。

Ⅳ

『バカの壁』と〝まる〟との出会い

帯文も注目された『バカの壁』は新語・流行語大賞に選出された

誰にでもある「馬鹿の壁」

人との交流が広がるにつれて一九七〇年代後半から、求められるままに雑誌や新聞で自然科学系の文章を発表するようになった。というよりも、やっぱり書きたかったんだろうね。なんか頭の中でたまってきたもの、ぶつかり合うものがあって、それを外に追い出したいんだよ。

専門の論文を、英語で書くことにはどうしても納得がいかなかったからね。ふだんから使い慣れた日本語で書くことで、科学のありようを変えられないか、と思うようにもなりました。

ワープロが一〇〇万円ぐらいしたときから使っていて、女房が「元が取れるの？」と言っていたのを覚えています。

はじめはごく素直に自分のやっていることから書いた。「トガリネズミからみた世界――形態から推理する」（岩波書店「科学」一九七七年十一月号）では、ヒトと動物を峻別する伝統的な西洋の生物学と自分の生物観の違いを論じました。

生き物を扱う人は二つに分離しているようにみえる。生き物を他者とみるか、同胞とみるかである。他者とみる性向が強ければ、生物の多様性や生物間の差異は自明であり、したがって前提となる。論理による共通性の追究が表面に現われ、いわゆる本質論をなす。ヒトと動物を峻別する伝統に立つ西欧の生物学が大きくこちらに寄るのは故なしとしないであろう。生物を感性的に同胞と認める性向がどこかで刷りこまれてしまった人にとっては、生物の同一性は前提となり、多様性が逆に驚嘆の的となる。

生物はこの地上に一回だけ現れたものであり、唯一度の歴史を経てきた。生物学においては、取り扱う主体も、取り扱われる対象も、同じ長さの歴史的時間の所産であり、同じ法則に従ってでき上ってきたはずのものである。この二つの存在の間に、それ故の何か絶妙な〝共鳴〟を期待するのは誤っているであろうか。もし生物学が他の自然科学から際立った所がありうるとしたならば、このような同胞の間に成り立つ「共鳴」ではないだろうか。

これを原稿にした段階で中井先生に読んでもらったんだよ。そしたら、中井さんは「共鳴」のところに赤線を引っ張って、「合掌」って書いてくれた。やっぱりあの先生は相当わかってくれている研究者でしたね。ヒトが別の動物のことを理解するってことを考えていくと、科学の論理の世界を超えてしまう。だから合掌なんでしょう。

こうして書くようになると、ますますいろんなことを考える。そんなときには、教室の若い人なんかと喫茶店に行き、議論を吹っかける。そうすると、だんだん考えがまとまるわけ。自分の考えの足りなさも見えてくる。

いちばん関心を持ったのはヒトの意識が身体や死体をどう見てきたかという身体観、死体観の歴史です。

身体は自然に属します。つまり、ビルや道路のように人間がつくったものではない。それを人間の意識がどのように見て、考えてきたのかを探れば、時代ごとの文化の差が明瞭になると思ったのです。つまり、ものを考えるときのものさしとして身体を対象にし、日本の歴史を研究した。これは解剖学にはない研究分野で、まったくの独学でした。

こうして独学をしながら最初に出した単著は『形を読む——生物の形態をめぐって』（一九八六年、培風館）です。医学部の教授時代でした。

みんなで同じモノを見たら、同じように見ていると思うでしょう。でも厳密に考えると、同じ風景を見ても、見る角度、見る時間帯で違うモノになる。円錐なんて真上から見たらまん丸だけど、真横から見たら三角でしょう。能面だってライトをどこから当てるかで、表情がガラッと変わる。

それは解剖をしていると、よくわかる。相手は動かないので、常に自分の見方を意識させられるからです。『形を読む』は乱暴にいえば、対象の形を見て、解釈する解剖学にはいくつかの視点があると分析した本です。

近代科学は、法学は法律、経済学は経済など対象によって学問が細分化しましたが、解剖学は違う。解剖はヒトであれ虫であれ、どんな対象も扱う。『形を読む』は、解剖の方法を使って解剖学のありようを解剖した本でもありました。この本では「馬鹿の壁」という言葉を使いました。


情報の伝達という面から、自然科学で起こる最大の問題は、じつは情報の受け手が、馬鹿だったらどうするか、というものである。相手が馬鹿だと、本来伝達可能であるはずの情報が、伝達不能になる。これを、とりあえず「馬鹿の壁」と表現しよう。

「相手が馬鹿」というと自分は別と思う人もいますが、誰にでも馬鹿の壁はある。どんな人もなんらかのフィルターをかけてものを見ているから、フィルターを時々交換しないと自分の見方に溺れてしまい、馬鹿の壁は高くなる。評論家の山本七平さんが常識を磨け、常識に溺れてはいけないと書いているように、自分に溺れてはダメ、個性だなんて言う前に自分を磨かないといけない。

僕が、「つまらない本だと思ったら、どうしてこういうつまらない本を書くのかを考える」と言うのも同じ理由からです。「くだらない」のひと言ですますと、それは「ない」ことになるが、世の中にはくだらないことが多い。なぜ、それがあるのか、よく考えることが、カッコ良く言うと、自分を育て、自分を磨くことにもつながると思う。

とはいえ、この言葉が独り歩きし、一七年後に『バカの壁』が誕生するなんて考えてもいませんでした。

サントリー学芸賞受賞の頃

『形を読む』の最後は脳の話になっている。形を見ているのは私なので、脳に行き着いた。だからその次は『唯脳論』（一九八九年、青土社）になった。これは、日本人の身体観の歴史を調べるうちに、日本の歴史は、身体が中心になっている時代と、現代のように意識が中心になってくる時代の二つがあることに気づいたことで生まれた本である。

碁盤の目の道路をつくり、全体が人工都市の平城京、平安京は、意識が中心の時代で、死は穢《けが》れとされた。これが中世になり、源平の時代になると、完全に身体性の時代で、下剋上が起き、実力主義になってくる。

鎌倉時代になり、身体が中心となったのは、身体を張って戦う武士の時代になったことも影響があるんでしょうが、鴨長明の『方丈記』に書かれたように、平安末期から天災が起き、飢饉となり、さらに源平の争乱が起き、政治的には極めて不安定な時代だったことが大きい。そこで、平安時代に主流だった花鳥風月を愛でる考え方が変わっていき、『方丈記』の「ゆく河の流れは絶えずして、しかも、もとの水にあらず」や『平家物語』の諸行無常の思いが広がる。そうした中で鎌倉仏教も生まれた。心身を語るとき、道元が「身心」と心よりも身を上にしたのはその象徴でしょうね。

　それは、僕が育った鎌倉市で発掘される遺物を見てもわかる。金銀財宝や人工物で歴史の重みみたいなものを感じるものはほとんどないところでね。頼朝の墓なんて、その周りで子どもの頃から遊んでいたけど、とても武家政権で日本を統一した人の墓とは思えない。五輪の塔が一つあるだけ。思えば、そういう身体の時代につくられた町で僕が生まれ育ったことも、なんかあるかもしれませんね。

　これに対して、心身と、心が上になるのが江戸時代です。江戸の鎖国というのはこうした目で見ると情報統制社会で、意識で社会を統制する。そして、現代は、まさに意識が中心の時代で、脳が生み出す人工物が世界にあふれ、自然や身体など人間がつくったものではない自然は排除されている。こうして自然の世界を浸潤していく脳の時代のありようをテーマに論じたのが『唯脳論』で、今は筑摩書房の社長になった喜入冬子さんが題名をつけてくれました。

都会とは、要するに脳の産物である。あらゆる人工物は、脳機能の表出、つまり脳の産物に他ならない。都会では、人工物以外のものを見かけることは困難である。そこでは自然、すなわち植物や地面ですら、人為的に、すなわち脳によって、配置される。われわれの遠い祖先は、自然の洞窟に住んでいた。まさしく「自然の中に」住んでいたわけだが、現代人はいわば脳の中に住む。

（『唯脳論』より）

小学二年生で終戦を迎えた当時の鎌倉は、砂利道に牛馬が多く、虫やカニがたくさんいたのに、ひたすらの経済発展で、道路はアスファルトで覆われ、車が行き交い、木々が削られて宅地になり、川は人工河川となり、水洗便所が普及し、臭い物には蓋がされた。部屋は冷暖房完備となり、虫一匹入れない。それは自然という理屈にならないものを排除し、予測統御が可能な人工の世界を広げる都市化の進展でした。

これを「脳化」と表現しました。僕は、脳化で排除された側です。若いとき、そこにいるだけで胸がいっぱいになった自然が減りました。鎌倉でもカニの姿が消え、トンボもすっかり減りました。草が生え、虫が生きる場所を、何もない「空き地」と表現するのも脳化の時代の象徴でしょう。地面の下にいるモグラやミミズのことはまったく無視しているから「空き地」なんて言う。

死が忌むべきものとされ、タブー視されることにも納得がいきませんでした。葬式に行くと、帰りに葬儀屋が塩をくれるでしょう。「なんでお見舞いに行くときはなんでもないのに、次の日に死んだら塩をくれるのか？　同じ人なのに、これは変だろ」と若い頃から思っていた。「死は忌むべきもの」という神道的な感覚があるんでしょうが、誰だって死ぬじゃないですか。それを理屈ではわかっていても、折り合いをつけられず、死を受け入れられないんでしょうな。

近代人のくせに何を言っているんだ、と僕は思っていた。

四十代の頃、東京の高島平の団地まで、亡くなった方を引き取りに行った際、エレベーターに棺が入らず、はたと気づいたことがあります。この団地は、人が死ぬことを考えずにつくられている。人はいつか死ぬ。死体は自然です。それを排除するのが脳化社会です。

『唯脳論』刊行の一九八九年の十二月、数年間で書きためた文章を集めた『からだの見方』（筑摩書房）でサントリー学芸賞を受賞した。

この頃からテレビ出演が増え、書評を書いていた読売新聞の読書委員会では二週に一度の会合のあと、読売本社近くのホテルで、委員の哲学者木田元さんや芥川賞作家の日野啓三さんらと親しく懇談したものです。東大医学部の先輩である作家、安部公房さんとはテレビ、雑誌で五、六回対談しました。安部さんはね、僕もそうだけど、どっちかっていうと個人主義的なんですよね。要するに、本人が成仏すればよくて、安部さんの代表作『砂の女』みたいに、砂の穴の中で安心立命じゃないけど、暮らしていければいい、みたいな仏教的なところがある。

晩年には、スプーン曲げを書くと言っていましたね。未完に終わったけれど、要するに、当時はやりの超常現象。超能力を小説にしたかったみたいで。なかなか慧眼でしたよ。その後オウムが来るんだから。

サントリー学芸賞贈呈式にて

あの頃、面白かった人は安部さんといい、日野さんといい、満洲（現中国東北部）や朝鮮半島など外地から引き揚げた人が多かった。

安部さんと二人で飯を食っていたら、「満洲時代の僕の家は町外れから三軒目」って言っていたことは印象的でした。満洲だからね、人里を離れるとその先は原野だから、端から何軒目と言えるんだ。日本に育った人とは自然に対する感覚が非常に違うんですね。それは日野さんも同じ。戦後、朝鮮半島から船で引き揚げ、九州がだんだん見えてきたときに、「こんな緑で覆われた湿った環境が俺の故郷のはずがないと思った」と言うんだ。そういえば、亡くなった劇作家の山崎正和さんも満洲にいたね。

彼らは、日本では異邦人のような感覚を持っていて、安部さんは、「日本の文壇が合わない。バックグラウンドが違うし、理系の話ができない」ってボソボソ文句を言っていた。

こっちも欧米流の学界にも世間にも肌が合わず、「よそ者」意識があったから、とてもよく覚えています。

極端に「脳化」した学生

本の執筆などに追われ、かなり忙しい日が続きましたが、解剖の仕事は、きっちりやった。解剖の基本は亡くなった方を集めてくることです。職員にまかせればいいという考え方もあるようですが、僕は手を抜かない。それで国から給与をもらってるんですから。

献体時のトラブル対応にも当たり、遺族は献体に同意しているのに、地方に住んでいる兄弟から聞いてない、と抗議され、殴られたこともあります。大したことではありません。遺体は何も言わないけれど、生きている周りが先鋭化することはよくあることです。

不器用だから気のきいた解決はできないけれど、ちゃんと丁寧に対応する。しつこさは癖でもあるんでしょう。

好きな仕事はやり、嫌なことはしない。そうやって自分が楽をすることはマズいんです。楽をすると、どこかで問題が起きる。環境問題が典型でしょう。薬剤を一生懸命つくるのはいいんだけど、それが環境にどんな影響を与えようが知ったことか、と手を抜くと大変なことになる。

ただ、研究費の申請は慣れることができなかった。僕らの時代には、申請書類に「研究の有用性」を書く欄があった。「何が役立つか、税金を払う国民に説明できないと困る」というのが役所の理屈だけど、研究はやってみないとわからない。実験で、こうなるはずという想定を覆す事実が思わぬ大発見につながることもある。

それをまだ研究していないのに有用性があるなんて書けば、どこかで嘘をつくことになる。それが耐えられなくて、申請するのをいつしかやめてしまった。

英語論文も書くのをやめると公言し、ある学者から「若い研究者に英語で書けと指導しているのに、東大の先生にそんなことをされても困る」と言われたこともある。僕からしたら「そんなこと誰が決めたんだ」と思っていた。

そんなこんなで一九九〇年代はじめから大学を定年前に辞めようと考え、九四年九月の教授会で、翌年三月に退官すると報告した。その頃起きていたのがオウム真理教事件でした。

一九八九年坂本堤弁護士一家殺害、九四年松本サリン事件、九五年地下鉄サリン事件など、オウム真理教は数々の事件を引き起こした。また大学のキャンパスで学生を勧誘し、高学歴の信者が多かったことも知られる。

ある日、医学部生がやってきて、「尊師が水の底に一時間いる公開実験をいたします。ついては先生に立会人になっていただきたい」と言う。はじめはインドから奇術師でも来て、水中技でも披露するから、そのタネ、からくりを見破ってくれという話だと思っていたら、これが違う。大真面目の話で、いろいろ聞くと「オウムの道場では、空中浮遊は日常的です」と言って、帰っていった。

一時間も息を止められるはずがない。そんな当たり前の生理現象を無視する学生は、呼吸まで意識でコントロールできると思っている。「脳化」の極端なのが出てきて、びっくりした。「どうやって教えたらいいんだ?」。相当悩みました。

東大最後の大仕事

退官の年にたまたま日本解剖学会一〇〇周年の記念行事をやることになり、死体をタブー視する偏見をできれば変えたいと、人体展を東大の博物館で開きました。もう年なんで全体のことは若い教授にまかせ、自分は、遺体から水分を抜き、液体樹脂を注入した当時最新の医学標本プラスティネーションの展示を担当しました。開発した独ハイデルベルク大学のグンター・フォン・ハーゲンス博士は知り合いなので直接交渉し、旅費や運搬費用は言いたかないけどプライベートで出した。

この企画は、その後拡大し、国立科学博物館で展覧会が開かれました。

特別展「人体の世界」は国立科学博物館、日本解剖学会、読売新聞社主催で一九九五年九月から十一月まで開かれ、入場者は四五万人を超えた。人体の立体標本や、夏目漱石の脳の展示が注目された。

展示でどのくらい死体への感覚が変わったか、それはわかりません。これが私の東大時代の最後の大仕事でした。

退官の年の一月には阪神・淡路大震災、三月にはオウム真理教の地下鉄サリン事件が起き、その直後の三月末、六十歳定年まで三年を残し、五十七歳で退官しました。辞めてからのことは考えていなかった。それである内科の教授から「そんなことでよく不安になりませんね」と言われたので、「先生はいつお亡くなりになります？」って聞いた。「わかるわけないでしょう」と言うから、つい、「それでよく不安になりませんね」って言い返しちゃった。

先のことはやってみなけりゃ、わからない。不安があって当たり前です。不安がない奴とは虫採りは行けねえよ。平気で危険な場所だろうが行ってしまうでしょ。ジャングルを歩いてごらんなさい。こっちに水はあるのか？　危険はないか？　身体の感覚をしっかり使えば不安は具体的になる。その感覚を使わず、頭でばかり考えるから訳のわからない不安になってしまう。

退官を間近に控えた三月二十二日、直前まで患者を診ていたおふくろが九五歳で亡くなりました。そのちょっと前、僕がオーストラリアで虫を採る番組を観たおふくろから言われたことが忘れられません。「お前が子どものときと同じ顔をしてるから安心したよ」

万事、理屈や言語で説明する大学の仕事に相当ストレスがあったことが心配だったんでしょう。

あの年の春は、背負っていたものが全部いっしょに消えたって感じでしたね。

退官翌日の四月一日、天気のいい日で、嫌っていうほど空が明るく、「なんでこんなに青いのか。かみさんは、毎日こんな空を見てきたのか」と思った。

大学に行かなくてもいいことになった途端、空の青さが身にしみた。

退官して自由な日々

退官後はしばらく、のんびりしました。あれでだいぶ寿命が延びたんじゃないかな。

一九九五年四月三日には「退官を祝う会」が都内のホテルで開かれ、画家安野光雅さん、対談集をつくった作家島田雅彦さん、NHKの科学番組「脳と心」で共演した樹木希林さんらがお祝いにかけつけた。

読書やゲームをよくしました。もともとテレビゲームが好きで、任天堂の「ファミリーコンピュータ」が発売されたときには徹夜でゲームをし、女房に怒られたほどです。僕はロールプレイングが好きでね。最短距離で勝つ方法や思いがけない着手を発見する――そこが面白いんだよ。

退官一年目に、「世界・わが心の旅」というNHKの番組でブータンに行かないかという話があった。あの国は富士山よりも高い四〇〇〇メートルまで上がっても、平気で虫がいる。もちろん喜んで行きましたよ。

田舎の食堂に行ったら水玉模様のテーブルクロスがあってね。近づくとその模様が一斉に飛び立った。水玉は、光の加減でブルーにも見えた大量のハエでした。その一匹が、地元の人が飲むビールに飛び込むと、そのブータン人がさ、ハエを逃がしてあげて、俺のほうをにらんでこう言うんだ。「お前のおじいちゃんだったかもしれないからな」

輪廻転生ですよ。チベット仏教って。そういう国だから、犬はいじめられず、のさばっている。草原では、高校生ぐらいの女の子が座って教科書を読んでいて、とても牧歌的で、小学校の時代に戻ったみたいな感じだった。

自分は自由だって感じました。現役時代は、研究室の火元責任者だったから、どこに行っても気が休まらなかったけど、もうそんな心配も、人間関係のストレスもない。

それからは虫仲間の池田清彦さん（生物学者）や奥本大三郎さん（仏文学者）らと虫談議に興じ、海外にも虫採りに行きました。映画監督の宮﨑駿さんとも何度か対談し、本をつくりました。子どもの感覚を映像にするお話は、とても印象的でした。

農林水産省の食料・農業・農村政策審議会委員、文部省の教育課程審議会委員、民間の活字文化推進会議委員、小林秀雄賞選考委員などを歴任する。

頼まれた仕事は基本断りません。断るのが面倒くさいんだよ。だって、基準みたいなものを考えなくちゃいけないでしょう。だから、つい忙しくなり、なかなか虫のことができずに困っている。

そこうするうちに新潮社の石井昂《たかし》さんが「うちから新書を創刊するのでよろしく」と若い編集者を連れてやってきて、言いました。「タイトルはもう決めてあります」。それが「バカの壁」です。もちろん、断る理由はありません。

平成のベストセラー誕生

『バカの壁』は、編集者に話したことを文章にしてもらった初めての本で、一種の実験でした。

新潮社顧問・石井昂さんの話

〈養老さんの研究室には『唯脳論』の頃から何度も通いましたが、「人と話しても通じないことがある。それは馬鹿の壁だよ」と言われたときに、ビビッときた。それは私と養老さんとの間の壁なのか、とも思いましたが（笑）、北朝鮮による日本人拉致事件が二〇〇二年にニュースになるなど、「話せばわかるなんて大うそ！」という出来事が起きていた。それで〇三年に新潮新書を創刊するに当たり、「バカの壁」というタイトルで話してもらうことにしました〉

実は、タイトルは全然気にしていなかった。講演もそうだけど、僕は頼まれてもタイトル通りに話さず、いつも文句を言われる。そのとき関心のあることをしゃべるんです。

当時考えていたのは、なかなか理解し合えず、壁がある理系と文系をつなぐ理屈を平たく言えないか、ということでした。

僕自身、理系なのに物理学は難しいと思っていた。それはなぜか。聞くほうに知りたいモチベーションがないと、専門外の話はなかなかわからないからです。これを脳内の入出力の計算式にして示しました。視覚、聴覚など五感から脳に入力される情報などをx、これへの反応、うなずいたり、無視したりする出力をyとした一次方程式です。

$$y = ax$$

係数aは好き嫌い、興味関心などのバイアス（偏り）で、係数が0、つまり無関心だと何を入力しても出力はない。無反応です。一方で、相手への好意や関心が高いとaの数値が大きくなり共感、理解が進むけれど、aが無限大になると、ある情報だけを絶対視する狂信的原理主義になりかねず、とても危ない。

理系では、こうした好悪関心は主観的なものだと排除するけれど、本当は捨てちゃいけないんです。だって知りたくないことには耳をかさない、相手に話が通じないことは日常茶飯事で、それが広がるとテロ、紛争が起き、戦争になってしまうでしょう。『バカの壁』には経験もかなり入っています。本文冒頭では、東大退官後、一年たってから教授をした北里大学での体験を話しました。妊娠・出産のドキュメンタリー番組を学生に見せると、女子学生は「発見が多く、勉強になった」と言うのに、男子は「保健の授業で知っていることばかり」とほぼ無反応だった。

関心があるなしで情報に対する反応が異なる。医療系の男子学生でもこうなんだから、とても困る。

つまり、自分が知りたくないことについては自主的に情報を遮断してしまっている。ここに壁が存在しています。これも一種の「バカの壁」です。

（『バカの壁』より）

『バカの壁』では、若い頃からしつこく考えてきたことも率直に話しました。

情報は日々刻々変化しつづけ、それを受け止める人間の方は変化しない、と思われがちです。（中略）実はあべこべの話です。

（同）

日々変化するように見える情報も、一つ一つを見たらどうか。ギリシャの哲学者ヘラクレイトスの残した「万物は流転する」という言葉は変わりましたか？　言葉にした段階で永遠に変わらない。

これに対して、ヒトの身体は成長、変化します。個性だ、理性、正義だと言ったところで、それらは敗戦でガラッと変化した。これが生き物と情報の違いです。

でも、若い頃から周りの研究者を見ていると、最新の英語論文を読み、「何か新しいことはないか？」と探している。それはヘンじゃないか、と思ってきた。だって彼らが探しているのは過去に発見され、済んじゃったことばかりです。テレビのニュースを見終わったら、「『とはいえ、済んじゃったことだ』とひと言つけてみろ」と思っていた。

SNSの時代になってこの傾向は加速し、脳への入力が、言語化された情報に一元的に偏り、ネットでググりさえすればなんでもわかると、知がマニュアル化、技法化してしまった。

バカの壁というのは、ある種、一元論に起因するという面があるわけです。バカにとっては、壁の内側だけが世界で、向こう側が見えない。向こう側が存在してい

るということすらわかっていなかったりする。（同）

体を動かし、理屈通りにならない自然に接し、入力する感覚を広げることが大切です。小さなお子さんに保育ビデオを見せるぐらいなら、外で思いきって遊ばせたらいい。そうすれば、おのずと身につくことがある。野球教本ばかり読んでいてもダメで、バットを振らなきゃボールに当たらない。それと同じです。頭だけで考えていても、鼻につくやつになるだけです。

こんな話を一日に二、三時間。三回ほどしたのを編集部の後藤裕二さんが文章にしてくれました。訂正するところはほとんどありませんでした。彼は長年、写真週刊誌「ＦＯＣＵＳ」の編集部にいて、写真を解釈して文章にしてきた。解剖も見えているものを解釈する仕事で、本質的に考え方が似ているんじゃないか、と思っている。

それにしても、あんなに売れるとは思わなかった。

『バカの壁』は二〇〇三年四月に発売され、年末に二〇〇万部を突破。刊行から二〇年となる二三年の十月現在四六二万四〇〇〇部。「壁」シリーズの累計は六九〇万部を突破している。

ヒットして変わったことがあるかってよく聞かれますが、あんまりない。だって考えてきたことを話しただけで、努力してやったことではないから。くじでたまたま一等賞を引いちゃったようなものです。

飼い猫〝まる〟は私のものさし

なんで『バカの壁』が売れたかなんて、わかりません。タイトルを編集者が提案してくれたことを含め、まあ、いろんなことがつながり、なるようになったのでしょう。

一つ思い出すのは、娘さんのいる女性から講演会後に、「おかげで親子げんかが終わりました」と言われたことです。「バカの壁」は誰にでもあり、話してもわかり合えないこともある。人生の問題に正解なんてない。そう書いたのを読んで、気が楽になったのかな。

人は、わかると簡単に思うと、わからないことにいらだち、けんかにもなるんです。そして人生に正解があると思うと、別の意見を持つ相手を間違いと決めつけ、やり込めようとする。プロテスタント原理主義や欧米流の科学は、だから、他人と折り合うことをせず、適当で済ますことを嫌うんでしょう。アメリカ人は、事が起きると弁護士にまかせ、法廷闘争で白黒をつけたがるのも同じで、これではお金がかかる。

そもそも、わからないと思っていたら、わかった瞬間はうれしいし、みんなで折り合ったほうが、社会的なコストがかからずに済むと思うけどね。

医学部のある先輩からはこう言われましたよ。「お前の書いていることは何も新しいことはない。俺にないのは表現力だけ」。僕はこう思った。みんなは僕みたいに突き詰めていないんですよ。

読者の声で多かったのが、「『身体を使え』とあるが、具体的にどうすればよいのか」という質問で、「参勤交代を国で推奨すべし」と提案しました。都会の人間は一年のうち一定期間、田舎で暮らそうというものです。不自由な暮らしをすれば本当に必要なものがわかり、自足という言葉の意味がわかる。日本は災害列島だから都市への一極集中は危ない。地方分散のきっかけにもなる。

なにより、都会で人の顔色ばかり見ているのをやめ、田舎でのびのび身体を動かせば脳はリラックスし、気分は変わるでしょう。よく自然に浸るとかいうじゃないですか。これは一種の同化で、自然の中に自分が染み入っちゃうというか。異質のものが混ざり合い、相互浸透しちゃう感じ。これはいいですよ。

野山で虫採りするのもいいですよ。何が採れるかなんて、行ってみなければわからないし、行けば思いがけない出合いがあるかもしれない。

わからないから面白いんです。

そういえば、スコティッシュフォールドの飼い猫「まる」が初めてわが家にやってきたのは、『バカの壁』が出た二〇〇三年の秋です。

猫ってちょうどいいんですよ。人間だといろんな配慮をしなきゃならないでしょ。

猫はエサを食わせておけばいい。しかも、まるは猫のくせに走んないし、木に登らない。好きなものは好き、嫌なものは嫌。エサをやり、おなかがふくれると、ぷいとどこかに行くのに、こちらに関心がないわけではない。そのへんの微妙な距離があるから、いるだけでなんか和むんです。

あいつを見ていると、いつも自足している感じで、自分はなんでこんなにカリカリして、頭でっかちに理屈ばかり考えているんだ、と思うこともあった。まるは、私の生き方の〝ものさし〟みたいな存在でした。

二〇〇五年、箱根に別荘の昆虫館をつくる。建築家、藤森照信氏のデザイン、焼き杉を壁に使った地下のある二階建て。約一〇万点の昆虫標本を所蔵し、電子顕微鏡のある研究室もある。

多少お金が入ったので女房が張り切ってね、どこか標本を置くところがないか、あちこち探して、自然の多い箱根になりました。別棟のゲストハウスの白壁に、イラストレーターの南伸坊さんが馬と鹿の絵を描いてくれました。正式名称は「養老昆虫

上）箱根の山荘別棟。馬と鹿が描かれた〝バカの壁〟の上はゲストハウスになっている
左）山荘の入口に立つ著者

館」（非公開）ですが、新潮社は「バカハウス」って言っています。

藤森さんの設計は面白味があるでしょう。ちょっと古墳みたいな形で。僕が、ひと言、「墓を作って」と言ったんです。それを覚えていたのか、藤森さんは古墳をイメージして設計したらしい。

直角がほとんど使われていないから、中にいてもとてもくつろげていいですよ。

都会では磨けない感覚

箱根の別荘があるところは、植え込みのところがちょうどリスの通り道になっていて、この間は庭をアナグマやイノシシの家族が歩いていた。隣の家との間が斜面になっていて、たぶんそこにある穴にアナグマは住んでいるんでしょう。

すぐ近くまで鹿が来て、鳴いていたこともある。鹿は、草を食っちゃうから困るんですけどね、その季節にはこのあたりは〝鹿鳴館〟になりますよ（笑）。

去年だったかな、近所で熊が目撃され、お触れ書きが来たよ。

怖くねぇよ。怖いというのは熊に偏見を持っているからだよ。ツキノワグマなんて、でかい犬だと思えばいい。何も対抗して戦う必要もないし、用事がないんだから「あっちに行け」って言えば済む。お前の来るところじゃねぇよって。

こうした自然の多い箱根を僕は好きですが、多くの人は、蠅や蚊、害虫がいなくなり、社会が清潔になった都市に住むことを喜んでいます。でも、そのことが少子化につながっているんじゃないかな。

だって都市というのは意識の産物で、部屋は冷暖房、照明は人工、トイレは水洗とすべてを管理したがり、管理できない虫など自然を排除する。子どもも育ててみなければどうなるかわからない、先行きが不明という点で自然な存在です。昔、子どもは「授かりもの」って考えられていましたが今では、そんなどうなるかわからない危ないものとは関わらないほうが無難と考え、子を産まなくなっている人もいるのでは。

子を産む人が減ったのは、経済的な不安もあるだろうけれど、昔は、「貧乏人の子だくさん」っていったでしょ。今はその時代に比べたら豊かだから、少子化の理由は、お金だけの問題じゃない。むしろ生まれてくる子どもに将来の夢を託していないことに問題がある。保育園なんかウルサイ、あっち行け、というのと同じです。

一方で、産んだら産んだで、やたらと子どもに手をかける親が多いのも気になる。鎌倉の私立保育園の理事長を頼まれて長年やりましたが、僕がやることといったら、年に一、二回、子どもたちを外へ連れ出して、虫採りと称して遊んでいるだけです。なんにも教えることなんかしません。だって、放っておけば子どもは自分で遊ぶことを見つけて走り回っているじゃないですか。それでいいんです。小学生までは好きに遊ばせておけば、これは危ない、これは面白そうだ、などと自分で判断しながら、ひとりでにいろいろなことを覚える。

ただね、子どもは半分人間だから面倒くさいんだよね。自然のままというわけにはいかず、イロハぐらいは教えなきゃいけない。

小学校なんか、字が読めて、九九ができれば十分だよ。学ぶことにも時がある。適当ではないとき、まだ頭が働いていないときに無理に知識を押し込んだって、勉強嫌いになるだけでどうにもならない。

脳化社会で問題なのは、子どもたちが思いきって遊べる場所が、都会にはないことです。意識の産物である都市では、意識によって社会を徹底的に統制してしまうでしょう。虫や草花が生きている地面をならして、遊具などを置き、「はい、公園になりました」と言う。でも誰も使わない。だって、「公園でボールを投げちゃいけない」とか、いろいろうるさいでしょ。ふざけているよ。

おたくの新聞社もそうでしょう？　建物の中に無意味なものは置いてない。石ころは転がってないし、ミミズもいない。そういう社会をつくれば当然、人間は、意識でわかる正しさばかりに突っ走ります。

ミミズがいたら、「なんでこんなところに？　気持ち悪い」という感覚が生まれ、違った態度をとるかもしれない。

こうした都市では感覚が磨かれない。だから、参勤交代が必要と思うんです。

今いちばん気になる二〇三八年問題

そもそも、「自然の恵み」とかいって海産物を食べますが、別に自然が善意をもって人に海産物を提供しているわけではない。一方で、災害は悪意の産物ではなく、自然は常に中立です。つまり、自然は人がなんと思おうが、そこにある。あるものだから、しょうがない。そして、その存在は、震災や津波など天災が起きると、人は否応もなく自然を意識します。

東日本大震災の起きた二〇一一年三月十一日は、ちょうど昆虫標本がある箱根の別荘から鎌倉の自宅に戻り、玄関の戸を開けた途端に、揺れ始めた。そしたら秘書が「あっ!」と叫ぶ声が聞こえた。パソコンの電源が落ちたんですよ。

それから大きく、ぐらぐら揺れ出したので、庭の真ん中まで行き、立っていたら、まるがやってきて、俺の足元でゴロンと横になった。たぶんめまいがしたんでしょう。ほぼ二分揺れたんですよ。ああいう長期振動には、低層の家は強いね。

その後、自分では覚えていないんだけど、女房に「原発は大丈夫かね?」って言ったそうだ。案の定ダメだった。

電気をつくる発電所で、電気がなくなり事故が起きるなんて、まるでブラックジョークみたいだと思ったものです。一方で、あれだけの事故が起きた以上、とにかく関係者の全員を免責にしてもいいから、できるだけ、あったことを正直に話してもらい、徹底して原因を確認したほうがいい、と提案しました。


三陸では明治、昭和にも大震災があったように、日本という国は一〇〇年に一度は大きな震災が来る。だからこそ、今も鴨長明の『方丈記』が読み継がれている。

近代になり、「脳化」が進んでも、災害の多い日本では、この感覚は存外強く残っているんじゃないか。大正デモクラシーがあっという間に吹っ飛んでしまったのは、よく昭和不況が理由にされるけれど、僕はそうは思わない。あれは二〇二三年で一〇〇年になる関東大震災（一九二三年）が大きかったと思う。「あれだけ都市が壊れ、人が死んだんだから、社会体制の変更なんかなんでもねぇや」ということになり、人々の意識も揺らいだ。大震災の直後に起こったのが虎ノ門事件で、難波大助による摂政宮（後の昭和天皇）狙撃事件が起き、治安維持法が改正され、数年後には田中義一の軍人内閣が成立した背景には、ひどい地震による都市の崩壊があったと思います。

幕末の安政の大獄とそれに続く倒幕も一八五五年に江戸を襲った安政の大地震がからんでいると思う。歴史の教科書では、ペリーの黒船が大きく取り上げられ、それが討幕運動に発展したとされるけれど、それは歴史の動きを、人の営み、社会の変化だけで考えるからでしょう。でも、自然との関わりも重視する俺が歴史を書くなら、安政の大地震を書くね。あの自然の猛威を見たら、「人間のやることなんて大したことはねえ」と思えるから、二五〇年続いた徳川幕府だって壊してもいいって、みんな納得するんですよね。

だからこそ、今いちばん気になっていることは、次の大地震です。静岡県立大学で学長をしている尾池和夫先生が、数年前から「計算上、二〇三八年頃に東海地震と東南海地震、南海地震が発生する」と言っていて、僕自身もかなり信憑性が高いと思っています。東南海地震は首都直下地震を誘発する可能性もあるので、首都の物流が混乱し、田舎以外は食い物がない、という事態だって起きかねない。今、防衛費増が国会で論議になっているけれど、首都が揺れたらそれどころじゃない。

こうした天災は、いずれ起き、避けることはできない。大切なのは、災害が起きたとき、どう判断し、動くのか、ということで、それは教室で勉強しているだけでは学べない。津波から逃げる、火災から逃げる。こうした判断を、子どもでもできるようにすること、水を確保し、火をおこす、トイレの場所を決めるなどサバイバルの手順を身につけておくことも大切となる。

そうして自立できれば、自分が一人でできることとの限度がわかり、自足ということを知りますよ。今は、機械とか道具とか他人に頼りすぎているから、ものごとの限度がわからない人が多い。もう、そんな欲張ってばかりではいけない。適当でいいんじゃないか。その適当というのが、どの加減なのか、それがわからなくなっているのが現代です。

今のように安全第一の社会に守られ、過ごすことに慣らされている子どもは、地震が起きてもボーッとしているんじゃないか、心配です。受験勉強に熱心な親はいますが、きちんと生き延びられるような教育をできる大人は少ないでしょう。実際に地震がくるという現実感がないからだよ。いくら環境保護とか温暖化防止とかいったって、聞いてないのも、それと同じことです。先の天災のことより、今、飯を食うほうが大事だと思い、この先も飯が食える状態が続くと思い込んでいる。会社ごと吹っ飛ぶ、貯金なんかいくらあっても、買うものがなくなる、という状態を想像したことがないんだよね。

最近の結論は、要するに、日常生活が揺らされない限り、普通の人は目が覚めない。しかし、実際に揺さぶられたら、もはやもとの日常は壊されている。

被災後、どのような社会を築くのか、今から考えておいたほうがよいと思う。エネルギーをたくさん消費する成長社会を目指すままでよいのか、一極集中の今のままの社会を復旧するのか。それとも食料にしても、電気、水にしてもね、基本的には自給自足を原則にする小さなコミュニティーをいくつもつくり、エネルギーをあまり使わない分散型の新しい社会をつくるのか。事が起きてから考えるのでは間に合いません。参議院は五〇年より先のことを考えないといけないようにすべき、と以前からあちこちで言っているのは、政治家に目先のことだけではなく、根本的なことを考えてほしいからです。

先のことが心配だから、なんとか二〇三八年まで生き延びようと思っているんだけど、無理かな。一〇一歳になるから。まあ、今の時代だと不可能ではないけど。いずれにしても、「この先どうなるんでしょうね？」と聞く若い人には、こうハッパをかけているんです。「若いんだから、『この先どうなる』じゃない。『この先どうする』だろう！」って。

僕は、どうするかといえば、とにかく虫の標本の整理をできるだけやることです。そういえば経済学者の水野和夫さんによると、「資本主義は新奇性と蒐集」が特色らしいから、虫の収集と似ているね。でも僕はお金を集める資本主義者にならない。もう虫を集める資本主義者になってるから（笑）。

壊れやすい日常のありがたみ

まあ、よく生きてるなあ、と思います。この間も友達の葬式があってね、自分もこの先いつコロッと死んでもおかしくない。そう考えると、「もし今日やらなきゃ一生やらないな」っていうことはたくさん出てきて、かえって生きるって何だろうと随分、考えるようになった。

そんな折に起きた新型コロナウイルスの蔓延では、死者数など死のほうがクローズアップされてしまったから、生きることが制限され、外出自粛、営業規制が行われた。死を想うと生を考えるけれど、あんまり死を重要視すると、生きることが縮小しちゃう。それを思うと、昔は、今より衛生面などでは乱暴だったけれど、今より社会が生き生きとしていて、良かったかな。

老いについてですか。別にめでたくもないけどね、歳を取るのも悪くない……、八十を過ぎてからますますそう思っています。

テレビの番組なんかで若い人があれこれ悩んでいるのを見ても、ああ、よかった、こっちは、もうああいう青春の悩みはないよ、と思う。外国のドラマで男女関係がもつれ、ああだこうだというのを見ても、「やめときゃいいのに」と思っている。ああいうのは、たいてい面倒くさいでしょう。

――ああ、俺は関係ない。ああよかったと思う（笑）。

なにより、歳を取って怒らなくなった。「たけし、たけし、たけし、アタマはでかし」と言われていた子どもの頃から、「なんでも考えればいい」と思う頭でっかちで、いろんなことにカリカリしていた。大学に勤めていた頃は、そうした怒りが仕事の原動力になっていたけれど、この歳になると、けしからんと思うことにも、それなりの事情があるってことがわかってくる。

つまり、なるべくしてなる。病気だって自然現象だから、なるようになる、と思っている。老いや病を敵視する人も意外に多いけれど、歳を取れば、老いるのは当たり前だし、いつかは必ず死ぬ。人の致死率は一〇〇パーセントで、この先どうなるかは、なりゆきです。だから、健康診断もがん検診も受けたことがなかったけれど、一年間で体重が一五キロほど減り、体調が悪かったので二〇二〇年六月、二六年ぶりに東大病院で受診しました。体の声を聞いたわけです。

そうしたら、検診で心筋梗塞を起こしていることがわかり、二週間、入院しました。ただ、これが痛くもかゆくもなかった。

動脈を広げ、金属の「ステント」を入れて通りをよくしてもらったので、入院前よりよくなったともいえる。コロナでじっとしている時期もありましたが、おかげで最近は外出も増え、昨秋（二〇二二年）はラオスで二週間、虫採りとメタバース（インターネット上の仮想空間）の仕事をしました。

「脳化」が進み、人は頭で考えたことを都市という形にしてきましたが、住む世界を頭の中につくり、アバターの自分が入っていくメタバースはこの脳化の純粋系で、行く末に関心があります。

二〇二二年春、一般社団法人メタバース推進協議会が設立され、代表理事になった。

技術というのは使いようです。メタバースの世界では、どんな場所にも、違う時代にだって行ける。近年、世界の環境が変化し、保全地区でも虫が激減しているでしょう。それで虫が多いラオスの自然をメタバースで立体映像化し、将来その自然を体感できるようにしたら、と思っているんです。

鎌倉の建長寺に一五年、虫塚をつくり、毎年六月四日（虫の日）に供養するのも、虫にありがとうの思いを伝え、人々に環境について考えてもらいたかったからです。

あの寺には花塚、茶筅《ちゃせん》塚もある。欧米の一神教の国と違い、多神教の日本ではあらゆるものに魂は宿ると信じられてきた。虫を採り、花をいけるのはある種の加害で、塚には弔いの思いも込められています。でも、近代文明がおびただしい数の虫や生き物を殺してきたことへの加害意識を、現代の人はどのくらい持っているでしょうか。

日本は農薬の使用量が世界でもトップクラスなのを知っていますか。要するに、たくさんの虫が農薬で死んでいる。一台の車が廃車になるまでに千万単位の虫が死ぬというデータもあります。夜の高速道路を走っていると、フロントガラスに虫が当たってつぶれるでしょう。あれで多くの虫が死ぬんです。

世界の森林が年間五〇〇万ヘクタール減っていることも、虫にとっては大変です。日本全体の森林面積が二五〇〇万ヘクタールですから、日本が五年間で裸になるくらいのスピードで森林が減り、そこで生きる虫たちは住処を失っている。「森に入って虫を採るな」って言う人もいますが、そういう人は、虫の住む場所を人類が奪っていることにどのくらい気づいているでしょう。

加害するほうにその意識がないことがいちばんの問題です。

今のままの人間中心の日常がつづくと、多くの生き物の日常は維持できない。そのことに、ちゃんと気づくことが大切です。コロナ禍になり、ウクライナ戦争が起き、私たちは日常の壊れやすさを目の当たりにしている。そうなると人は、日常のありがたみをかみしめます。

飼い猫〝まる〟と（2008年、鎌倉市の自宅で）

飼い猫まるが亡くなったのは私が入院した年の十二月二十一日です。十八歳、人間なら九十歳ぐらいの大往生ですが、まだ、ついまるを探してしまう。今日みたいにあったかい日だと、ここに寝てるだろうな、と思ってしまいます。

日常を大切に、と言っている割には、下手をすると探し物で半日つぶしている。でも女房が探すとバカみたいにすんなり見つかる。日常的に家をよく見ているから、部屋の些細な違いにも気づくんでしょう。僕にはできません。

これもバカの壁かもしれません。だから、奥さんからは「日常を大切にするなら、私を大切にしなさい」って言われています（笑）。

養老先生への五〇の質問

Q1　朝は何時に起きますか。

A1　年寄りですから早いと四時、五時です。遅いと一〇時くらい。勤めがあるわけじゃないから、まったくデタラメです。

Q2　朝起きて最初にすることは。

A2　行き当たりばったりです。鎌倉の自宅にいるときには、起きたら、とりあえず近くを散歩します。昔からそうなんですが、いきなり本を読むと、頭が痛くなっちゃうんですよ。完全に目が覚めるまでうろうろしてから朝食をとり、三〇分したら糖尿病の薬を飲む。朝食は、薬を飲むきっかけです。

散歩にどのくらい時間をかけるかなんてぜんぜん決めていない。適当に、もういやになったら帰ってくる。でもこの夏は猛暑で、散歩自体が危険。変な天候になっちゃったね。

Q3　箱根の養老山荘では、どんな暮らしですか。

A3　週に三日ぐらいは来て、もっぱら一人で虫の整理。そのために生きているようなもんです。昼食は抜くことが多い。要するに面倒くさい。食卓に向かうのも僕にとっては作業。標本づくりのような細かい作業をしていると、作業がぶつかるからです。

夜寝る時間は決まってません。ただ、虫の整理をしていると、早く寝てどうするって感じ（笑）。少々眠くなっても作業はできるが、ある程度以上眠くなると、やめて横になる。そして、やりかけたことを次の日にどう整理するか、イメージトレーニングしながら寝る。とにかく未整理の虫が大量にあるんで、片づけたいの一心です。

作業すると腰が痛くなるので休憩はいれる。ただぼけっとするのもなんなので、本を読んだり、ドラマを観たり、楽なことをしています。最近は老眼で本が読みにくいよ。

六十代、七十代までは、すすきの原っぱを横切って三〇分ほど行くとある森まで、猪の足跡しかないような山道を散歩しながら虫採りをしていました。今はもう、体力がないし、危険だからダメですね。

Q4　夢はみますか。

A4　みますよ。一昨日はね、女房が外で僕を呼んでたんですよ。それであわてて起きてね、ドア開けて明かりをつけた。結局、幻聴だった（笑）。

受験時代の夢とか、大学紛争で大変だったときの夢をみるという人の話をよく聞きますが、僕の場合、それは全然ないです。

Q5　料理はされますか。

A5　麺をゆでたりするくらい。この前は、中華麺をゆでて冷やし中華にした。素麺にうどん、スパゲティーもゆでます。お湯を沸かして、浮いてくるまで待つ（笑）。料理ってほどのもんじゃない。

つゆは以前、自分でつくったりもしました。素麺のつゆっていうのはね、ちょっと油があって甘めのほうがいい。だから鶏のスープにみりんを入れていた。

東京五輪の頃だったか、昭和三十年代は若かったから、チキンラーメンを七袋一気に食べたこともある。半分好奇心で食べ始めたら、性に合ったんでしょうね。あの頃は、いつもお腹すかせてましたからね。食べる量が違う。

Q6　**最後の晩餐で食べたいものは……。**

A6　麺です。

Q7　**大学紛争の頃からお酒を飲むようになったそうですが、最近はいかがですか。**

A7　いや、もう体力がなくてダメです。疲れるんですよ、酒呑むと。酒って体力いるんです。つきあいで呑みますけど、好んで呑んだりはしない。

Q8　音楽は聴きますか。

A8　聴きます。若い頃は友達に好きな奴がいてね、タンゴをよく聴いていて、かなりCDを持ってますが、CDの機械が壊れた。それでYouTubeで聴いていますが、YouTubeはみんなの好みに従っているんで、タンゴを聴こうとするとすぐピアソラ（タンゴにジャズを取り入れ、アルゼンチン・タンゴの一大ブームをつくった巨匠）が出てくる。そうなると、「もういいよ、もっと古いのがいい」って思っている。

Q9　好きな虫はゾウムシとのことですが、好きな動物は何ですか。

A9　動物はみんな好きだけど、特に好きなのは猫タイプですね。要するに、好き勝手にしてて、あんまり社交的でない。それがいい。

Q10　嫌いな生き物は。

A10　ゲジゲジ。ムダに長いし（笑）、足の数が多いでしょう。蜘蛛も見たくないね。あの柔らかい感じが苦手です。

Q11　**生まれ変わったら、何になりたいですか。**

A11　鳥でしょうね。空を飛びたい。熱帯雨林の虫っていうのは日の当たる樹木の上のほうの樹間にいるんですよね。それを鳥になって自由に見たい。体重を四、五キロにできる風船があれば、カンジキみたいなのを履いて樹木の上を歩きたいけれど……、まだできそうにないから、やっぱり鳥になりたい。

絶対になりたくないのはゲジゲジ。

Q12　**好きな季節は。**

A12　春です。啓蟄を過ぎると、虫がうごめき始めるじゃないですか。困るのは雪が降り積もる冬です。虫を採りようもないでしょう。でも、冬来たりなば春遠からじ。

Q13　地球上でいちばん好きな場所はどこですか。

A13　東京じゃないことは確かです。東京は、人が多くて、緑が少なすぎて、虫が少ない。だからやはり好きなのはオーストラリア。人がいなくて、虫が多い。

Q14　ご自身の長所は何だと思いますか。

A14　考えたこともない。気になること、よくわからないことはいつまでも覚えている癖があるけれど、単にしつこいだけです。

Q15　では短所は。

A15　それも考えたことがない。ただ、中高時代には、成績表には積極性に欠けるって書かれていましたね。俺が俺がって前に出ていかないし、あまりしゃべらない。だから講演をするようになって、学生時代の友人はびっくりしていました。

特にしゃべる練習はしません。独り言です（笑）。だから、自分がしゃべったテレビなんか見ない。見てしまうと、あそこ直せ、ここを直せって自分で思うじゃないですか。

Q16　どこに行くにも本を手放さないというのは、今も変わりませんか。

A16　トイレでも読んでいますよ。まるで図書室（笑）。ホテルで朝食を食べに行くときも必ず本を持っていきます。何かすることがなくなったときに困るでしょう。周りのお客の顔でも見てりゃいいんでしょうけど、バイキングなんかで隣の席の人が食べ残しなんかしていると、「自分の食べるものぐらいちゃんと計算しろよな」とか、余計なことを言いたくなっちゃう。本を読んでいるほうが無難です（笑）。

Q17　繰り返し読む本はありますか。

A17　漱石の『猫』（『吾輩は猫である』）は好きでね。去年の暮れにわざわざ買ってきて、正月に読み直したら、やはり面白かった。
ちょうど正月の頃の話で、主人が食べ残した雑煮の餅を猫が口にしたら、歯にひっかかって七転八倒する姿を家族に見つかり、笑われる場面があるでしょう。あのシーンは、若いときから好きで読んでいたけど、今回は、これって漱石の自画像だなと思った。つまり西洋文明を上手に取り入れれば身体のためにもなるけれど、それがうまくできなくて七転八倒する。この主題が、『猫』のあそこに、きれいに出ている気がするんです。漱石の『三四郎』も何度も読みました。同じ大学だしね。ファーブルの『昆虫記』ももちろん、時々読み返す。モンテーニュの『エセー』も面白いねえ。「どんなに高い玉座に座るとしても、座っているのは自分の尻の上だ」。これ、いいでしょう。

若い頃によく読んだのに、割合、読まないのは芥川（龍之介）です。なんかちょっと人工的すぎるんですよね。

Q18 『ヒトの見方』にはじまり、『考えるヒト』『ヒトの壁』など著作のタイトルではカタカナのヒトと表記されていて、人とか人間とは表記しません。なぜですか。

A18 動物としてヒトを書くときは「ヒト」ってカタカナで書くんです。イヌやネコも同じです。生物学の世界では、和名はカタカナで書く。チョウもそうです。アゲハ蝶と漢字にしないで、カタカナでアゲハチョウと書けば、アゲハチョウ科を意味することになる。和名はカタカナ書きという約束事なんですよ。

だから、文学的に書きたいときは、犬、猫などと漢字で書きますけど、そうじゃないときはカタカナにします。それで人の身体について語るときなんかは、「生物学的な意味ですよ」という意味で、ヒトって書く。つまり、ヒトという種という意味です。

これが一応、タテマエの答えです。

Q19　本音も教えてください。

A19　本音を言えば、人間という表記が好きじゃない。人という字は、中国風に言えば、猿や犬、猫と同じように漢字一文字の人でいいはずだけど、日本社会では人間でしょう。で、人間は「世間の人」という意味もあるから、あんまり使いたくないんだよね。差別用語なんですよ、人間って。世間の人だけが人だって規定していますから。だから、世間に入っていない人は「外人」なんだよ。

そのことを意識したのは、「人間って何だろう?」と考え始めた学生時代だったでしょうかね。中国語では「人間」というと人と人の間のことだから世間を意味する。日本でも漱石の時代は、「人間(じんかん)に交わる」と表現し、人間は世間も意味していた。世間に縛られると、漱石が『草枕』で書いているように、「とかくに人の世は住みにくい」ですね。

Q20　壁というと、壁を作る、壁を穿《うが》つ、壁を越えるなど色々な表現がありますが、『バカの壁』に始まる「壁」シリーズは、どんな思いで「壁」を使ったのですか。

A20　あんまり意識していなかったね。要するに、壁があることで先に行けない、通れない、なんか邪魔されているという感覚で最初のうちは考えていましたね。自分の場合だったら、理解力の限界みたいなのがあるでしょう。算数や数学もあるところまで行くと、壁にぶつかるでしょう。もちろん、この壁を乗り越える超人的なヒトもいるけれど、それって世界では六、七人しかわからない高度な数学で、普通の人にはわからないし、わかろうとするための時間も関心もない。そういうことが学問の世界ではあることを若いときに感じました。

『バカの壁』を出版するはるか前の一九八六年に「新岩波講座哲学6」の月報に、「哲学と理解——馬鹿の壁」という題でこう書きました。

〈ものが理解できない状態を、私は「馬鹿の壁」と呼ぶ。数学は、私の「馬鹿の壁」に突き当って敗れた。「馬鹿の壁」こそ情報化時代の最大の難点である〉

こうした壁は、誰だってみんな持っている。『バカの壁』を読んだ人の中には、自分を棚にあげて、「世の中にはバカの壁のある人が多くて困る」と言っている人たちもいたようだけど、バカの壁は誰にだってあるものだから人ごとじゃない。僕の友人には、「『バカの壁』はバカの検出器だ」って言ったのがいます。

Q21　「バカの壁」とぶつかっている人とは、どう接したらよいでしょうか。

A21　どこにでも壁はある。これはしょうがないんです。

学生時代も教授時代も、よくわからない人たちと出会い、苦労したけれど、今思えば、すべてをわかろうとするのは無理。だから、どこかで「そういう癖があるんだ」と自分なりに理解するしかないのでは。

オウム真理教を信じた医学部の学生が、神秘体験を語ったときには、何をバカなこと考えているんだと怒っていましたが、今だったら怒りません。歳を取りましたからね。ああいうのを神秘と言いたい人もいると思っています。

子どもだってそうでしょう。よくわからないことをしたり、言ったりするのはよくあることです。それを全部わかろうとしても無理だし、かといって、放っておけばいいというゼロイチ思考になってもしょうがない。

中学の先生が黒板に「$3x=6$　$x=2$」と書いて、すぐに理解する生徒もいます。こういう子は将来官僚になるタイプでしょうが、記号のxと数字の2がイコールになるのはおかしい、まして$x=y$という式を見たら、それならyという記号はいらなくなるじゃないか、という生徒も必ずいる。

数学の概念と感覚の問題は別もので、感覚の違和感が抜けず、数学がわからない子どもだっているし、それが芸術家になるケースもある。子どもの成長をみる先生は、このことを理解してあげないといけない。そうしないと子どもにはストレスになる。

Q22 **自分をバカだなと思うことはありますか。**

A22 そりゃ、ありますよ。だいたい女性には上手にマニピュレート（操作）されたなという感じがしていて、バカだな、と思います。最大は親ですよ。よくマザーコンプレックスとか言うけれど、そうじゃなくて、上手に母親に操作されているんですよね。

Q23 **東京大学出版会理事長をしていたときに、出版会から出して大ヒットした『知の技法』について、『バカの壁』の中で、「気に入らない」「何でこんな本が売れやがるんだ」と苦々しく回想していますね。でも、養老先生には『ヒトの見方』という本があります。技法と見方は、どう違うんですか。**

A23 『知の技法』は、理事長時代にいちばん売れた本です。タイトルも良かったんでしょう。でも、知を得るためにマニュアルがあるかのような感じはどうかな。技法には、知りたいときにはググればいいという時代の風潮に通じるものがある。でも、いくら人が「ああすれば、こうなる」と考えても、思い通りにならないのが自然です。

これに対して、見方は、あくまでものを見る角度、立ち位置の問題で技法ではないんだよ。「同じものだけど、どっちから見るかで違って見える」って当たり前な話があるでしょう。それですよ。円錐なんて、上から見ればまん丸だし、横から見れば三角だしね。一方向から円錐形を見て、丸だとか三角だとか採点をつけるようなことをしたら、それこそバカみたいじゃないですか。

出版会時代にいちばん面白かったのは、一九九一年に『日本の活断層』（活断層研究会編）という本の新版を出したことです。値段が三万円を超え、初版は二〇〇〇部かなんかだった。そしたら九五年に阪神大震災が起きて、あっという間に売れちゃった。

山本俊一さんの『日本らい史』を出版できたのもよかった。この本は、「らいは差別語だ」というんで他の出版社から断られたものを出した。

「らい」という言葉を消したら歴史は書けない。そうでしょう。歴史の文献にも大量にこの言葉は登場している。言葉狩りですよ。あの本は学術的にも良い本でした。

Q24　虫の標本の整理がたまりにたまり、「標本の壁」があるそうですね。

A24　計画に合わせて何かするってことはしないんです。もちろん、虫屋はたいていそうですが、採っただけで、標本になっていないものがかなりあって、僕もだいぶたまっちゃった。できれば待機ゼロにしたいんですけど、これができない。

ウクライナ戦争が始まった頃、ちょうどウクライナの人が売りに出したゾウムシを知り合いが買って、二〇〇〇ほどくれた。その整理がなかなか進まず、大変でした。ようやく整理が終わり、僕のウクライナ問題は解決した。でも、もうすぐ台湾の知り合いが来て、虫を持ってくるというんで、さてどうなるのか。しばらくはそれの整理で潰れちゃいそうです。

Q25　テレビや写真など映像を見るときには、背景をよく見ているとおっしゃっていまし

たね。どういうことですか。

A25 背景には、撮影したカメラマンの予期せぬノイズが映っちゃうでしょ。これが虫好きにはいい。この間もテレビでどこかの小学校を映していたときには、校庭の後ろに映っている木ばかり見ていた。葉っぱを見ながら、どの季節か、どんな虫がいそうか、それを考えちゃう。

Q26 SNSは使いますか。

A26 使わないけれど、困りません。虫に関するニュースがFacebookとかX（旧Twitter）で報告されることもあるようですが、それをSNSで見ている虫仲間が僕に教えてくれるから、それで十分です。

あとはね、毎週木曜の午後八時から一〇時まで、虫好きが集まって、Zoomでだべっています。ラオスからの参加者もいます。コロナの頃に始め、出席率がよかったけれど、今は悪いよ。みんな虫採りでどっか行っちゃった（笑）。

Q27　チャットGPTをどう思いますか。

A27　ついこの間、使ってみた。けっこういいこと書いてきます。使えるんなら使えばいい。せっかくあそこまでできるようになったんだから。何を気にしてんのかわからないな。

自分で考える力がなくなる……などという声もあるようですが、そんなの、とうの昔になくなっている。今に始まったことじゃねえだろう（笑）。

でも、自分が使うかといえば、めんどくせえ。何か意味のあることを言ってきたとしても、機械が言ってると思うと白ける。僕はね、解剖とか虫とかやっているから、後ろ側に実物がないとダメなんです。チャットGPTって後ろにはデータしかなくて、それを処理しているだけでしょう。ボールを投げたことがないくせに、ボールの投げ方をもっともらしく言う奴と同じです。

これまでだって額に汗してお金を稼がず、金融情報を処理するだけでお金を儲ける世界になっていたでしょう。どのみち、今みたいな状況が続けば、人間がチャットGPTみたいに、実体験なしで上手にやれるっていうほうに向かうでしょう。

ただ、ＡＩはすでにある情報を処理することが得意で、その面での能力は人間をとっくに超えているから、そういうことはＡＩにまかせて、自分の身体を使って価値を生みだすことなど、ＡＩにはできないことを発見していく生き方も見直されていくでしょう。

人にあって、ＡＩにないものは何かと言うと、体なんですよ。ＡＩは体がないから、どんどん突っ走る。でも、人の体っていうのは時速一〇〇キロメートルでは突っ走れない。限度があります。一日で歩ける距離なんてたかが知れている。そこらあたりのリミットをぼちぼち考えたほうがいい。

コンピュータが学習して、人間が学習しない世界になってはしょうがない。

Q28　大きな災害とか事故が起きると、「想定外」という言葉で無責任を決めこむ風潮があります。どう思いますか。

A28　想定外という人は、何事も想定できるという暗黙の前提を持っているんですよ。そこなんですよ、問題なのは。なんでも想定し、防げると思っている。でも、そうはいかない。よく危機管理というけれど、どうしていいかわからないから危機なんで、全部を「ああすれば、こうなる」と想定し、計算なんかすることができるわけがない。

　そもそも、自分が生まれてきたことが想定外でしょう。

Q29「ああすれば、こうなる」という思考法は何が問題なのですか。

A29「ああすれば、こうなる」と推測するなど人の考えることは秩序を求める活動ですが、自然界では秩序が発生するときは、無秩序がどこかに発生するんですよ。たとえば、掃除機でゴミを吸い取ると、部屋は秩序だってきれいになるけれど、掃除機の中にはゴミがたまって無秩序になる。本人はきれいにしたと思っても、実は掃除前の部屋の無秩序が、掃除機の中に移動しただけ。脳の中も、これと同じで、下手にいろいろものごとを秩序的に考えても、実は脳みその中には必ずゴミがたまり、無秩序が増えてしまう。

　かつて東京都で、カラスを駆除しようとしたら鳩が増えてしまい、その糞公害が問題になったことがあった。秩序だけでやっていけると考えるのが脳化社会の大きな問題です。

Q30　新型コロナウイルスのワクチンは打ちましたか。

A30　三回打った。なんであんなものを四回やらなきゃいけない。「なんで三回？」と聞かれるとこう答えていますよ。「昔から、仏の顔も三度まで、と言うじゃないですか」。

Q31　政治嫌いを昔から公言していますね。

A31　政治化するっていうのは良くないですね。まともな議論ができなくなっちゃう。トランプがやっているやり方ですよ。物事は政治化すると、ややこしい状況を一点に絞り込む。原発だったら賛成と反対。脳はとてもエネルギーを消費するから、単純化したほうが、考える奴は楽なんだけど、それだと実際からは程遠くなっちゃう。
　東北の福島の原発だって、電源を高台に置くとか、非常電源を二つに分け、別の場所に一つを置くとか、もうちょっと工夫があれば事故は起こらなかったかもしれない。

しかし、賛成派も反対派も議論する余裕はなく、政治的に対立ばかりしていた。あるとき、原子力工学出身の学者が学会で、「こうすれば、原発はより安全になります」っていうレポートを発表しようとしたら、先輩に呼ばれて、「お前、より安全になるっていうことは危険だってことだろ。論文は降ろせ」って言われ、怒って学会を辞めちゃったことがあったそうです。

政治になると、ろくなことがありません。だから、正義という言葉も嫌いです。戦争中の正義には閉口したからね。

Q32　統計的な手法も嫌いだとよく言いますね。なぜですか。

A32　それはつきつめると、アインシュタインが「神はサイコロを振らない」と言って、量子力学を批判したのと同じです。確率を無視してよいというのではなくて、根本的には確率では動いていない世界を、確率論的に説明するのは間違いだということです。でも、今の時代は、統計データによる確率で社会全体を分析する病気が広がっちゃった。ＡＩによる議論なんてその典型です。

ＡＩがここまで進んでくる前にロングテールということがよく言われたでしょう。商品の販売数をグラフにすると、販売数の多い部分が恐竜の頭から胴体に見えて、少ない部分が恐竜の長い尾っぽに見えるからロングテール。統計では、どうしても山になっている頭や胴体が注目されるけれど、僕が若い頃から見ているのはロングテールなんです。今でもそうです。

ロングテールを日本語にするならば、それは詳細とも言えるし、どうでもいいこととも言える。こうしたものは統計学では切り捨てられちゃうけど、人生の大半は、どうでもいいことにある。「今日の昼飯何を食う？」なんていうのは典型的なロングテールです。こうした日々の日常を無視しているのが現代社会です。

Q33 「まるは、僕の生き方のものさしだ」――。ものさし、という言葉をよく使いますね。

A33 ものさし、って動かないでしょう。使うたびに伸び縮みするものさしでは使い物にならないから。まるも、動かないから、ものさしになった。あの姿を見ていると、あくせく動く自分の生き方を見直したくなる。

もともと、ものさし、という言葉を使うようになったのは、死体を解剖してきたからです。死体は動かない。これに対して、自分は動くし、変わる。つまり、動かない死体をものさしにすると、自分の変わり方がよくわかるんですよ。

生きている人をものさしにしたら不安でしょ。相手は動きますからね。この点、死体をものさしにすれば安心です。

Q34　しつこさは、生まれつきと語っていますが、ずっと考え続けていては疲れませんか。

A34　僕からすれば、不思議でしょうがないのは、とことん考えない人です。こっちからすれば、「なんでそんなことで考えるのをやめられるのか？」と思うわけ。

だって、考え始めると気になるでしょう。そして、同じことを絶えず気にしていると、こんどは似たような問題まで気になってきて、なんだか棘が刺さったような感じになってくる。

普通は、そこで刺さった棘を抜き、問いがなかったことにする。つまり、教科書に墨を塗ったのと同じだね。昔のことはなかったことにする、忘れちゃった、でいいんだよ。でも僕は棘が刺さったままにしておく。そうすると、また問いを思い出すでしょう。だからいつまでも考え続けるんです。

Q35 いろいろな発言をすると、誤解されることが多くて困ることはありませんか。

A35 誰もが専門家になれるわけじゃないから、誤解はつきものです。いちいち気にはしません。ずいぶん前のことですが、NHKで脳の番組をつくるにあたって、偉い人を集めた諮問委員会が開かれ、参加したことがあります。そのとき、脳の研究者が冒頭で「脳の話は誤解されやすいから注意してください」っていうんで、僕は発言しました。

「誤解するに決まっているでしょう。自分の女房のことだって、わからない。何十年一緒にいても誤解していることが多いだろう」って。

Q36　自分のことをとても個性的で、「特別なオンリーワン」だと思っている若者にひと言お願いします。

A36　顔見りゃヒトだってわかるじゃない。チンパンジーとかゴリラじゃねぇ。特別でもなんでもなく、つまりヒトだろう。

そして、ヒトの身体というのは、あえて個性なんて言うまでもなく、もともと個性的です。それは移植手術をすればわかる。親子だって皮膚がつかない。体が知っているんですよ、これは異物だって。

それなのに、若い人に限らず個性個性といいたがるのは、集団規模があまりにも大きくなり、あんたの代わりは誰でもできるよっていう社会になっているからでしょう。

ダンバー数っていうのがあって、要するにヒトの脳の大きさを考えると一五〇人ぐらいが集団のいい大きさで、その範囲だと、お互いの顔も役割も見えるから、自分のかけがえのなさを感じることができる。都市はヒトが多すぎるんです。

Q37　個性がなく、自分のことをOne of them（大勢のひとり）と思っている若者にもひと言お願いします。

A37　「じゃあ、今から何するの?」って声をかけたい。カルペ・ディエム（Carpe diem）というラテン語があります。その日その日の花を摘め、今を生きよという意味ですね。修道院の挨拶でね、「メメント・モリ」（死を思え）というと、「カルペ・ディエム」と返すんです。個性なんかなくても大丈夫。死なない。他人と比較することなんかやめて、その日その日を生きればいい。

自分には個性がないと思う人には、今の自分を自分だって決めつけるな、とも言いたい。自分なんて、いくらでも変わり、いくらでも広がる。

現に、熱烈な恋愛から冷めてしまった後は、自分が相手に夢中だった時代のことはまったく理解できない。なんであんなやつの尻を追っかけてたんだって……（笑）。つまりそれは自分が変わったんですよ。気が変わったんじゃない。自分なんてそのくらい変わりうるものだから、自分を固定したものと考えてもしょうがない。

そもそも自分というものは、中身は空だっていう人がいます、昔から。ドイツの若い哲学者のトーマス・メッツィンガー（『エゴ・トンネル　心の科学と「わたし」という謎』の著者）は、自己とはトンネルだって言っている。トンネルは、中が空じゃないと電車も車も通れない。存在するのは何かと言ったら壁だけという。同じようなことは老子にもある。もし、部屋が空じゃなくて、ぎっしり物が詰まっていたら使えないだろうって。

要するに、自己とは実体じゃない。この空というは仏教ですよ。よくわからないって？　まあ、ゆっくり考えてみてください。

Q38　「仕事とは、社会に空いた穴を埋めることだ」と、『超バカの壁』で書いています。穴埋めなんかしたくない、自分の好きなこと、自分に合ったことを仕事にしたいと思う若者の気持ちはどうなりますか。

A38　そもそも二十歳やそこらで自分なんてはっきりわからない。まだ中身はからっぽです。会社に、自分にあった仕事をさせてくれなんていうのもヘンでしょう。

僕が「穴ぼこを埋めることが仕事だ」というのは、社会のニーズを先行させるのがいかに大事かっていうことです。

今の日本を見るとわかるじゃないですか。総需要の不足でしょう。本当は人手が欲しいところが山のようにある。一次産業や介護の現場もそうです。それを「一次産業は未来がないからダメだ」「介護はたいへん」などの声が拡がり、ニーズにこたえようとする若者が少ない。これってどう思いますか。僕としては、だから、若者には社会に空いた穴を埋めて、まずは役に立ってほしいと思う。

Q39　人事は大事とも言いますが、大学教員時代の人事についてはどう思っていましたか。

A39　若い頃から人事は他人《ひと》事、無抵抗という癖がついている。昔の日本では、これはふつうで、親の職業を継ぐ、親が決めた嫁をもらうのも当たり前だった。嫌も応もありません。古い日本人はそうしていた。だから家業なんて言葉があった。

そういうのがガラガラと変わっていく時代に僕は生きたけど、僕の感覚は古いまま。その点では典型的な保守主義です。

Q40　長い老後や孤立、孤独死を心配する中高年にもひと言お願いします。

A40　現代では孤独はネガティブにばっかり考えられるけれど、『方丈記』の鴨長明は間違いなく孤独死だよ。西行もきっとそうだ。孤独は、ある意味で日本の伝統なんですよ、むしろ。それをポジティブに考えたのは林子平（江戸時代後期の経世論家で、寛政の三奇人の一人）だね。『海国兵談』の人です。この本が発禁処分になり、蟄居中によんだ和歌は若い頃から好きだね。「親も無し　妻無し子無し版木無し金も無けれど死にたくも無し」。号は六無斎《ろくむさい》です。

どうして現代人は孤独を悲観的に思うようになったかというと、人は人の助けを借りないでは生きていけないのに、助けを借りず、バラバラの個人にしていくことを民主的とか進歩的と、戦後になって考えてきたからでしょう。だから、みんな憲法九条ばっかり問題にするけど、俺は家族制度を平気で変えた戦後の民法改正のほうがよっぽど問題だって思っている。

でも昔の家族制度は今も生きていますよ。政治家を見ればそれはわかる。何代目ばかりがいるでしょう。

Q41　人生って何ですか。

A41　子どもがこんなことを質問するのは早いよ、まだ。まずは、もっと生きてから言えって。

大人には、なんと答えるかって？　「今さら人に聞くんじゃねぇ」（笑）。自分の人生だろう。

そもそも、人生とは何か、なんてくよくよ、あれこれ考えていない状態が幸せなんですよ。好きなことに熱中したり、無我夢中で遊んだり……そうした考えていない状態の中に含まれているんですよ、幸せなんて。

Q42　大人になるって、どういうことですか。

A42　どこまで自分の管理をできるか。それが子どもと大人の違いかな。欲望のまま突っ走るというのは若いんですよ。

それは悪いとは言えないんだよね。僕らの年になると今度は欲望が低下してきますから（笑）、どうしても抑えるほうが中心になってくる。
ただ、自分としては、ここで大人になったと思ったことはない。あえて言えば、八十越えて元気がなくなってからかなあ。まあ、この場合は、大人になったというより、老人になったということでしょうな。

Q43　希望とは何ですか。

A43　僕には夢も希望もない。子どもの頃からそうです。なんで夢や希望がないことがネガティブになるんですか。そのくらいハッピーなことないでしょう。（夢や希望に縛られなければ）どうなってもいいわけだから。
へたに夢と希望ができちゃったら災難だよね。

Q44　子育てはどうされましたか。

A44　子育てというよりも、面倒はよくみた。夜泣きなんかをすると、だいたい俺が起きていたもん。子どもからは全然感謝されていないけど。

Q45　尊敬する人はいますか。

A45　そういう考え方はしない。みんなそれぞれ置かれた場所は違うでしょう。「よくあそこまでやったな」と思う人はいる。中村哲さん（飢饉に苦しむアフガニスタンで、医療や用水路建設、農業支援に取り組み、アフガン人の生活向上に貢献した。二〇一九年十二月、東部ジャララバードを車で移動中、武装集団に殺害された。七十三歳だった）は、その一人です。

ただ、彼のような人は、なかなか評価されない。評価のための座標軸が日本にはないからです。日頃はグローバルという言葉を使っていても、アフガンを「世界」の中でどう位置づけたらいいのか、わかっていない。

本人もこぼしていたよ。政府関係の人に、「医者が個人であんなところに行って、勝手なことをして」って言われたって。日本的な発想では、大勢で団子になってやらないと評価されない。

僕は、中村さんこそ国葬にしてよかった人だと思っています。

Q46　もう一度会いたい故人（動物でも…）はいますか。

A46　まるです。

やっぱり会いたいかって？　そりゃ、そうです。この間ね、鎌倉を歩いていると、まると同じ色の猫がいて、まるが呼んでいるのかなって思った。まだ家にお骨おいてあるんでね。お盆が近かったので、落ち着かねーのかな。

会ったら、頭たたいてバカって（笑）、やりたい。迷惑そうな顔するんだろうけれど。

Q47　わが人生に悔いあり、という人もいますが、養老先生はどうですか。

A47　人生とは、ありとあらゆる細かい出来事の積み重ねの上に成り立っているわけです。そう思いません？　ある種どころか、全部、なりゆき。

菊池寛は宮本武蔵の言葉が好きで、よく色紙を求められると「我（われ）事に於いて後悔をせず」と書いていたそうだけど、文芸評論家の小林秀雄は、これは「我

（わが）事に於いて後悔せず」と読むべきだと言ったらしいね。「われことにおいて」だと自分は一生懸命やってきたから後悔はない、という意味になるけれど、「わがことにおいて」だと、自分に関わりのあるすべてについては後悔しない、という意味になる。

だから小林秀雄は、戦後になって、戦争について聞かれ、「僕は無智だから反省なんかしない。利口な奴はたんと反省するがいい」などと言った。本当にそうだと思いますよ。

僕も、こうして今、しゃべっていることも含め、すべてのことは動かしようのない、一種の必然だと思っていて、いまさら、ああすればよかったと言ってもしょうがない、と考えています。

Q48　死についてどう考えていますか。

A48　自分にとって、自分の死はないと同じ。自分で実証的に確認できないからね。「俺、死んでいるな」ということがわかったということは、生きているということ。

だから一人称の死はない。論理的には。考えたって意味ないです。

そして、見知らぬ彼、または彼女の死である三人称の死は、世界中のあらゆるところで起きています。これに気を取られていたら、とても生きていけません。だから、ほとんどの人は三人称の死は自分とは無関係と思っているはずです。

これに対して、あなたと呼び合う二人称の死は、知人や肉親など親しい人の死ですから、とてもつらい。

まるの死も、私にとっては二人称の死でした。だから、今も喪失感がありますよ。どこかに出かけて、鎌倉の家に帰るときでも、まるがいねえなと思うと、なんとなく面白くないね。

Q49　**天国に行きたいですか。**

A49　天国なんか行きたくない。花ばかり咲いていて虫がいないっていうのは地獄だよ。もし、虫がたくさんいたらいいけどね。

Q50 「なるようになる。」で語ったご自身の歩みを本の形で読んで、改めて人生をどう感じましたか。

A50 なんか孫悟空とお釈迦様の手のひらの関係みたいだな。孫悟空がさ、筋斗雲に乗って世界の果てまでどんどん飛んでいくと柱があって、「斉天大聖（孫悟空のこと）ここに至る」と文字をしたため、戻ってきたら、柱はお釈迦様の指で、ずっと手のひらの上にいたことがわかるでしょう。あの感じ、なんか仏教的じゃないですかね。

箱根の山荘にて（2023年８月14日撮影）

あとがきにかえて

鵜飼哲夫

何かことが起きると、この人ならどう考えるのか、話を聞きたくなる人がいる。養老孟司さんがそうだ。思いもよらぬ発想から、なるほどそうしたものの見方考え方があるのかと驚かされ、凝り固まった頭がほぐされ、心が弾む。

東日本大震災が起き、東京電力福島第一原子力発電所で事故が起きた直後は、メルトダウンを起こしたかどうかもわからず、状況認識、事故原因も対策も百家争鳴だったが、養老さんはこう語った。

「電気をつくる発電所で、電気がなくなり事故が起きるなんて、まるでブラックジョークだよ」

電力を発生させる施設で、津波のため非常用発電機が使えなくなり、非常用炉心冷却設備が起動せず、炉心溶融を起こした。この事態をブラックジョークとする発言は、まさに文明の落とし穴をずばり表現するものだった。その後、再生可能エネルギーが推奨されるようになってからの発言も独自で、太陽の光を受けるための木の葉の配列の絶妙さに比べたら、太陽光発電のパネルの並べ方は、「同じ角度で、同じ板を並べているだけではないか」と喝破した。

本書で、養老さんは繰り返し、「ああすれば、こうなる」という、人が意識中心で発想することのおかしさについて言及している。前述の二つの発言は、まさに地震、津波など思うようにならない自然の力を忘れ、頭でっかちになる人の問題点を鋭く突いたものだった。思えば、人類が地球環境を激変させた時代を意味する「人新世」という言葉を、ノーベル化学賞受賞者のパウル・クルッツェンが提唱したのは二〇〇〇年。これに対して、都市化による世界の人工化を、養老さんが「脳化」と『唯脳論』で指摘したのは、その十年以上も前。養老さんの先見の明には、驚くばかりである。

だからこそ、新型コロナウイルスの猛威が始まった二〇二〇年三月には、養老さんがどう考えているかを知りたく、伝えたくて、箱根の別荘を訪ねた。同年三月二十八日の読売新聞朝刊解説面で掲載したインタビュー記事の一部を再録する。

——新型コロナの電子顕微鏡画像が紹介され、究明が進みつつあるように見えますが。

養老　みんな生き物を軽く見ているんだよ。そんな簡単じゃない。特にコロナウイルスのように微細なものは、構造はわかっても、人間にどう影響するかは未解明です。写真で見るコロナウイルスの大きさで、人間を描いたら、どのくらいになると思う？

——富士山ぐらい？

養老　とんでもない。もっと大きくて、とてもじゃないが情報を追いきれない。微細な対象を丁寧に調べたら周りがボケるんですよ。

——よく養老さんは、人間の目玉は外側に向いているから、人体の内側のことがよくわからないと言いますが、まさにそれですね。

養老　みんな、自分という人間のことがお留守になっている。その人間には、同じウイルスに感染しても体質や遺伝的に亡くなる人もいれば、元気な人もいる。それが生物多様性です。

――よく多様性の尊重が叫ばれますが、それは簡単なことではないですね。

養老　そもそも生物が色々あることを、多様性の一言ですますのがおかしいし、人間には都合がよくない新型コロナも多様性の一つ。登場してしまったからには、共存するしかない。だって自分の一部ですから。

――自分の一部？

養老　例えば、田んぼだって自分ですよ。なぜなら、そこで稲が育ち、米になり、それを食べて自分の体になるんだから。そうすると田んぼは将来の自分でしょ。

物質は循環しています。ですから、ウイルスだって、存在してしまったからには、もはや人ごとではない。

――どうしたらよいか。

養老　敵だから潰せという話になると、外出できず、人とも会えず、経済は止まる。しかも、いくら人工的に安全な環境をつくっても、自然は多様で絶えず変化するから、頭で考えたシステムでなんとかなると思わないほうがいい。

――武漢を封鎖した中国は収束に成功したといえるのでしょうか？

養老　感染者がゼロになっていなければ再び広がる可能性はある。ゼロになったかは神様じゃないとわかりません。

ただ、世の中も自然も、思うにまかせぬものですから、起こったことはしょうがない。その結果をいかに利用し、生き方を見直すかで先行きは違ってくる。日本の敗戦経験と同じだよ。

稲を丁寧に育てれば秋には収穫があるでしょう。それと同じで、まずは身のまわりにある自然を手入れして、住みやすい社会をつくることから始めたらどうでしょう。

いかがだろうか。電子顕微鏡でコロナウイルスを拡大して、わかったような気になってはいけないとの発言は、当時も今も斬新である。この点については、今回のインタビューでさらに深堀りして聞くと、こう言われて、またしてもハッとさせられた。

「僕たちは、ものを一〇〇倍にして見ると、目新しさに目を奪われ、それを進歩だって思ってきたけど、その精度で人間の身体との関係を見ようとしてもとても見ることはできず、倍率を一〇〇倍にすれば、問題も一〇〇倍になってしまう。人間は、自分が見える範囲の世界に閉じこもって判断するのがいちばん安全なんだよね」

『バカの壁』では〈「話せばわかる」なんて大うそ!〉と喝破したが、拡大して細部を見ればわかるなんていうのも幻想なのだ。そして、中国のその後の感染拡大とゼロコロナ政策の問題もまた、指摘通りの展開になった。

どうして養老さんは、じっくり聞けばなるほどとは思うけれど、普通なら思いつかないようなことを考えているのか。その発想の源を探ろうと、片っぱしから養老さんの著作を読んだが、人生論やエッセイ、対談などで断片的に自身の歩みや発想法を書いたものはあっても、まとまった自伝はない。そこで読売新聞で二〇二三年一月から三月まで三五回にわたり連載したのが、養老さんに半生を聞くインタビュー「時代の証言者　なるようになる。」である。

取材は、二〇二二年夏に始まり、月に一度のペースで計七回、三〇時間以上にわたり話を伺い、洒脱な養老さんの口調を活かしながらまとめた。

養老さんの受験勉強法は、おそらく今回が初公開である。一度疑問に思ったら、とことん時間をかけて考え続ける思考の持続力、生まれつきというしつこさ、粘り強さは、養老さんの人生の習慣なのだろう。そして、考えてもよくわからないことは率直に「わからない」と言う。そうした思考の生まれるさまを目の当たりにできたインタビューは、実に面白く、頭をシャッフルさせられたが、実は難儀でもあった。原因はこちらにある。話が専門的になると、当方の「バカの壁」でなかなかついていけず、聞くほうが青息吐息となる。とても申し訳ないことをした。

思考の速さについていけないこともあった。実は、これは筆者が一九九一年に文化部に異動になり、読書面担当として読書委員だった養老さんと話すようになってから、よくあることである。養老さんは、いきなり結論を出し、その理由を語る場合が多いが、どうも小生の頭では一、二、三、四、五……一〇と順番に考えないとわからないことを、思考の歩幅の大きい養老さんは、一、五、一〇と三段跳びのように語るので、すぐには話が飲み込めない。

最初のインタビューで、核軍縮をテーマに聞いたときもそうだった。いきなり「ローレンツ（ノーベル生理学・医学賞を受けた動物行動学者）が論じた問題だが、基本的に人間の持っている攻撃本能をどう位置づけるかが大事です。その議論をしないで、核の問題を片付けようとすると、国連で『どうこうする』という形になる」と語られ、まったく予期せぬところから飛んできた球に、目を白黒させるしかなかった。

しかし、質問しながら食らいついていくと、だんだんわかってくる。

「核のコントロールなんていうのは極めて抽象的なもの。核の危険性は、みんなが知っているから論じられるけど、外のことは知らない。あまり言いたくないけど、例えば東京の貯水場に五グラムほうり込んだだけで、都民全部死ぬぐらいの毒はいくらでもある。それが核兵器並みにコントロールされているかといったら、されてませんよ。正直に言って。でも、それをすべて管理しようったってきりがない。だから人間の生得性という基本的議論に帰っていかなければならないのです。

つまり、なぜ核を必要とするか。それは大国主義です。根本の問題はこれでしょ。要するにパワーがない限り最終的には安心できない、そのメンタリティーを人間が持っている限りだめです。だから、人間ってどういうものかという基本に戻って議論はしなければならない」（一九九一年十一月二十五日、読売新聞夕刊文化面）

三十年以上にわたり、養老さんの思考に親しんできたので、今回は「だからさ」と言われる回数が減った。そのことについて養老さんに聞くと、「間が飛ぶのは、こっちは幼稚園の子どもに説明しているんじゃないんだよ、というのがありますからね。最近は、さすがに歳を取ったんで、よく説明するようにしている。それで、だからさ、と言わなくなりました」と苦笑気味に話されていたが……。

年来の疑問を解消できるインタビューでもあった。養老さんは『バカの壁』以来、情報は日々変化しているように見えるが、言葉にした段階で情報は永遠に変わらない、と語ってきた。これが長年、どうしても納得できなかった。確かに、古代の「万物は流転する」という言葉は、発表されてから寸分も変わっていないが、情報を扱う新聞記者としては、「情報は絶対変わらない」とされてはやるせないし、日々更新する情報に目を凝らす仕事を否定されているようにも感じてきた。

しかし、今回の取材で、「万物流転、情報不変」と感じた養老さんの若い頃の体験を聞き、なるほどと膝を打った。内容は、読んでいただくのがよいが、聞けば聞くほど新たな発見があるのが、養老さんの話の面白さだ。

本書では、紙面上で取り上げられなかった話を増補した。また、これは面白いと思った取材こぼれ話を中心に、一問一答で「養老先生への五〇の質問」というコーナーも新たに設けた。追加質問をつくり、養老さんに再取材する際には、中央公論新社の橋爪史芳さんの協力を得た。

新聞連載が終了した二〇二三年三月中旬に記者は、胃の不調から入院し、四月に手術を受けた。不安も多かったが、それを助けてくれたのは、養老さんの「なるようになる。」という言葉であった。あれこれ考えても病気になったことは、今さらなかったことにはできない。だとしたら、病巣については専門の医者と自分の身体の回復力を信じ、あとは「なるようになる。」と思ったら気が楽になった。

おかげで四月中旬には退院し、こうしてあとがきを書いている。

養老さんのファンは多いとはいえ、本書で初めて養老さんに接する若い読者もいるかもしれない。そういう人たちには、この本をきっかけにして、養老さんの著作を読んでもらいたい。身体、自然をものさしにした養老さんの文章と思考は、ググったり、チャットＧＰＴで調べるときのような表面的なわかりやすさとは大違い。咬めば咬むほど味がでるスルメのように、読むほどに味わいが深まるからである。

二〇二三年七月六日

養老孟司（ようろう・たけし）

1937年鎌倉市生まれ。東京大学医学部を卒業後、解剖学教室に入る。東京大学大学院医学系研究科基礎医学専攻博士課程を修了。助手・助教授を経て81年より東京大学医学部教授、95年退官。96年から2003年まで北里大学教授。東京大学名誉教授。1989年『からだの見方』でサントリー学芸賞、2003年『バカの壁』で毎日出版文化賞特別賞を受賞。ほかに『唯脳論』『無思想の発見』『ヒトの壁』『ものがわかるということ』など著書多数。

聞き手　鵜飼哲夫（うかい・てつお）

1959年名古屋市生まれ。読売新聞編集委員。著書に『芥川賞の謎を解く　全選評完全読破』『三つの空白　太宰治の誕生』。

本書は読売新聞の連載「時代の証言者　なるようになる。」（2023年1月19日～3月9日／全35回）に加筆したものです。書籍化にあたって「養老先生への五〇の質問」を新たに加えました。

（写真提供）
養老研究所：p.11, 39, 47, 69, 73, 119
順天堂大学日本医学教育歴史館：p.91
読売新聞社：p.155

なるようになる。
——僕《ぼく》はこんなふうに生《い》きてきた

2023年11月25日　初版発行
2024年 8 月25日　7 版発行

著　者　養老孟司
聞き手　鵜飼哲夫
発行者　安部順一
発行所　中央公論新社
〒100-8152　東京都千代田区大手町 1-7-1
電話　販売 03-5299-1730　編集 03-5299-1740
URL https://www.chuko.co.jp/

DTP　市川真樹子
印　刷　TOPPANクロレ
製　本　大口製本印刷

Published by CHUOKORON-SHINSHA, INC.
Printed in Japan　ISBN978-4-12-005712-0 C0095

養老孟司の本

養老孟司の幸福論
——まち、ときどき森

何でもそろう便利な生活は、本当に幸せなのか。「都市と田舎を参勤交代」「花鳥風月をとりもどす」「自分の人生は自分のものではない」などユニークな視点で豊かさを考え直す、養老流幸福論。

中公文庫